KB173049

화이트헤드가 들려주는
과정 이야기

화이트헤드가 들려주는

과정 이야기

ⓒ 서정욱, 2008

초판 1쇄 발행일 2008년 1월 30일
초판 11쇄 발행일 2021년 4월 28일

지은이   서정욱
펴낸이   정은영
펴낸곳   (주)자음과모음

출판등록   2001년 11월 28일 제2001-000259호
주소   04047 서울시 마포구 양화로6길 49
전화   편집부 (02)324-2347 경영지원부 (02)325-6047
팩스   편집부 (02)324-2348 경영지원부 (02)2648-1311
e-mail   jamoteen@jamobook.com

ISBN 978-89-544-1978-9 (64100)

• 잘못된 책은 교환해드립니다.

화이트헤드가 들려주는
과정 이야기

서정욱 지음

|주|자음과모음

여러분, 여러분은 이제 저와 함께 철학여행을 떠나게 됩니다. 여러분은 철학이 무엇인지 아세요? 철학은 무척이나 어렵고 힘들고 따분한 것 같지만, 사실은 친근하고 쉽고 재미있는 것이랍니다.

간단히 말하자면 철학은 우리가 어떻게 살아야하는지, 무엇을 우선으로 살아야하는지, 행복한 삶이란 무엇인지에 대한 답을 가르쳐 주는 학문입니다.

여러분 철학이 무엇인지 궁금해지지요? 그렇다면 이 책 속으로 같이 여행을 떠나봅시다.

여기에서 다룰 철학자는 영국에서 태어난 유명한 철학자 화이트헤드입니다.

'해가지지 않는 나라' 혹은 '신사의 나라' 하면 가장 먼저 생각나는 나라는 영국입니다. 그 이유는 영국이 세계 여러 곳에 식민지를 두었기 때문이며, 문제를 해결할 때 도덕을 강조하고 체면을 중시하기 때문입니다. 바로 이런 '해가지지 않는 나라' 그리고 '신사의 나라'를 만든 왕은 여러분도 잘 알고 있는 빅토리아 여왕이랍니다. 화이트헤드는 빅토리아 여왕 시대인 1861년 램즈게이트에서 태어났습니다.

램즈게이트는 영국의 수도 런던에서 남동쪽 끝, 도버해협에 있는 작은 도시입니다. 지금의 램즈게이트는 유럽에서 유명한 휴양도시로 알려져 있으며, 요트 경기의 중심도시이기도 합니다. 하지만 램즈게이트는 18세기만 하더라도 조그마한 어촌도시였답니다.

영국은 산업혁명의 성공으로 사회간접자본에 많은 돈을 투자하였습니다. 여러분도 잘 알고 있겠지만, 사회간접자본이란 사회의 여러 가지 생산 활동에 도움을 주는 자본을 말합니다. 예를 들면 도로, 부두, 철도, 전기, 가스 등과 같은 것이 바로 사회간접자본입니다. 도로와 철도를 통해서 많은 물건이 수송됩니다. 그리고 항만을 통해서 무역을 할 수 있고요. 뿐만 아니라 전기나 가스가 없다면 공장을 돌릴 수가 없겠죠. 이렇게 여러 가지 생산 활동에 도움을 주기 위해서 만들어진 것이 바로 사회간접자본이랍니다.

램즈게이트는 영국에서 생산된 많은 상품을 다른 나라로 수출하기 위해서 18세기 중엽부터 항구도시로 발전하였습니다. 화이트헤드는 이렇게 램즈게이트가 영국의 유명한 항구도시로 성장한 다음 태어났습니다. 화이트헤드의 아버지는 램즈게이트의 사립학교 교장선생님이었습니다. 그런 아버지의 영향으로 화이트헤드는 어릴 때부터 많은 교육을 받고 자랐습니다.

수학에 많은 관심을 갖고 있던 화이트헤드는 대학에서 수학을 전공하였습니다. 하지만 화이트헤드는 철학과 논리학에도 관심이 아주 많았습니다. 이렇게 해서 화이트헤드의 철학이 생겨났습니다. 즉, 화이트헤드는 수학과 철학을 아주 적절하게 잘 활용하여 철학에 새로운 이론을 만들었습니다.

화이트헤드는 철학에 대한 그의 새로운 이론을 스스로 '유기체철학'이라고 하였답니다. 반면 화이트헤드의 철학을 공부한 많은 사람들은 이 '유기체철학'을 '과정철학'이라고 하였습니다. 이 말은 화이트헤드가 쓴 책의 이름과 관계가 있습니다. 화이트헤드가 《과정과 실재》라는 유명한 책을 남겼기 때문입니다. 이후 오늘날까지 우리들은 화이트헤드의 철학을 과정철학이라고 합니다.

그럼 과정철학은 무엇일까요? 예를 들어서 설명하면 아마도 쉽게 이해할 수 있을 거예요.

여러분 책상에 무엇이 놓여있나요?

MP3?

그래요. MP3를 들으면서 공부하는 사람이 많을 것입니다. 그런데 지금 여러분이 갖고 있는 MP3가 새것인가요? 아니면 헌것인가요? 처음에는 새것이었지만, 시간이 지나면서 점점 헌것이 되었겠죠?

화이트헤드는 이 세상에 있는 모든 물건들은 변할까, 아니면 전혀 변하지 않을까 하고 생각합니다. 물론 옛날에는 MP3가 없었답니다. 그래서 사람들은 레코드 판, 테이프 혹은 CD를 통해서 노래를 들었습니다. MP3가 발견된 이후 많은 사람들은 레코드판이나 테이프 같은 것은 더이상 듣지 않고 MP3를 이용해서 음악을 듣습니다.

그런데 MP3보다 더 좋은 물건이 발견될까요? 아니면 MP3보다 더 좋은 물건이 만들어지지 않을까요? 이 세상에 있는 물건은 끊임없이 생겨나고 사라집니다. 이렇게 끊임없이 생겨나고 사라지기 때문에, 생겨난 모든 물건은 사라지기 위한 과정이라고 할 수 있겠죠.

이런 것이 바로 화이트헤드의 과정철학에 대한 생각입니다. 화이트헤드의 이러한 과정에 관한 생각, 참 재미있겠죠? 화이트헤드의 생각이 무엇인지 우리 함께 살펴볼까요?

화이트헤드의 과정을 찾을 수 있게 도와 준 사람이 참 많아요. 쉽게 찾을 수 있도록 이 책을 기획하신 선생님, 편집하신 선생님, 그리고 그림을 그려주신 선생님에게 감사드려야겠죠? 그리고 누구보다도 고마운 사람은 이 책을 출판해 주신 (주)자음과 모음 출판사 강병철 사장님입니다. 정말 고맙습니다.

자, 이제 화이트헤드가 이야기한 과정이 무엇인지 첫 장을 열어 볼까요!

2008년 1월
서정욱

화이트헤드의 책은 어려운 것으로 알려져 있습니다. 그 이유는 화이트헤드가 어려운 단어들을 많이 사용하기 때문이라고 합니다. 유기체, 과정, 실재와 같은 단어를 설명한다는 것이 결코 쉽지는 않겠죠. 화이트헤드가 이렇게 어려운 단어를 그의 철학에 사용할 수밖에 없었던 이유는 화이트헤드보다 앞선 철학자들이 사용한 단어를 자신의 입장에서 다시 설명하고자 했기 때문입니다. 《화이트헤드가 들려주는 과정 이야기》에서는 화이트헤드가 사용한 유기체와 과정이라는 어려운 단어들을 아주 쉽게 풀이하고 있습니다. 그래서 단지 한 편의 동화를 읽었다고 생각했는데, 화이트헤드의 철학적인 내용까지 이해할수있었습니다. 특히 어린이들에게 보다 쉽게 설명해 줄 수 있을 것 같아서 참 좋습니다. 이 책을 기획하고 편집한 모든 사람들의 노고에 갈채를 보냅니다.

고양시 문촌초등학교 교사 강은희

화이트헤드는 현실적 존재란 모두 변화하는 과정에 있다고 했습니다. 그리고 그 과정의 단계를 세 가지로 보고 있습니다. 먼저 현실적 존재들의 호응단계입니다. 그 다음으로는 서로 보완하는 단계이며, 마지막으로 만족의 단계입니다. 이런 내용을 화이트헤드는 그의 저서 《과정과 실재》에서 다루고 있습니다. 그리고 이런 그의 철학을 그는 유기체의 철학이라고 했습니다. 화이트헤드는 수학과 물리학 그리고 철학을 접목시켜서 유기체의 철학을 만들어냈습니다. 그래서 오늘날 우리는 화이트헤드를 20세기의 데카르트라고도 합니다. 《화이트헤드가 들려주는 과정 이야기》는 어렵기로 유명한 화이트헤드의 유기체철학을 아주 쉽게 잘 풀어 설명하고 있습니다. 이 책을 읽는 사람들이 화이트헤드의 과정을 통해서 현실적 존재를 바라볼 수 있기를 기대합니다.

인천 신송고등학교 교사(문화도서부장) 이우경

C O N T E N T S ——————

책머리에
추천의 글
프롤로그

1 특별한 방학 여행 | 015
1. 와! 영국이다! 2. 램즈게이트에서 생긴 일
3. 특별한 만남
   • 철학 돋보기

2 빨리 어른이 되고 싶어! | 053
1. 우울한 하루 2. 어른이 된다는 것
3. 우리는 모두 언젠가는 변하는 걸까?
   • 철학 돋보기

3 모든 일에는 과정이 필요해. | 091
1. 꿈을 이루기 위해 필요한 것들
2. 어른이 되는 과정 3. 언제나 새로운 시작
  • 철학 돋보기

외전
부록_통합형 논술 활용노트

프롤로그

우와! 빅벤이야, 빅벤! 예전에 《피터 팬》동화책에서 봤던 그 시계탑 말이야. 아이 참! 엄마아빠는 왜 이렇게 느린 거야! 이 대리석 건물들 좀 봐봐. 이야! 끼야! 나 정말 영국에 왔어! 런던, 런던이라고. 야호!

"아이고! 이영아! 너 정말 이렇게 막무가내로 뛰어다닐래? 엄마 손 놓고 다니지 말랬지!! 길 잃어버리면 어쩌려고 얘가! 너 정말 국제 미아 되고 싶어?"

어딜 가도 잔소리쟁이 우리 엄마! 알았다고요, 어마마마. 하지만 정말이지 내가 빠른 게 아니라 엄마랑 아빠가 느린 거라니까요. 게다가 분명히 말하건대, 나만 혼자 신나서 방방 뛰고 있는 건 아니야. 영국의 고풍스러운 풍경에 엄마랑 아빠도 엄청 감탄하고 계신 것 같거든. 아! 놀랐지, 얘들아? 나 정말로 영국에 왔다는 거 아니겠냐. 어떻게 왔냐고? 당연히 비행기 타고 왔지. 크크, 농담이고. 시험에 당당히 통과해서 왔지. 내가 얼마나 열심히 공부했는지 너희들은 짐작도 못 할 거야. 다른 친구들은 여름방학이라고 다들 뭐하고 놀까 계획할 동안 나는 오로지 영국에 가겠다는 목표 하나로 그 무거운 책을 외우고 또 외웠다고. 우리 아빠는 고등학교에서 세계사를 가르치시는데 호랑이 선생님으로 유명해. 집에서는 그 정도까진 아니지만 그래도 만약 내가 아빠의 시험에 통과하지 못했다면 이곳에 내가 있다는 건 상상도 못했을 거야. 여행을 떠나기로 한 이후 매일 들떠 있는 나에게 며칠 전 아빠가 완전 메가톤급 폭탄발언을 하셨거든. 영국 여행을 가되, 영어공부도 열심히 하고, 영국에 대해서도 열심히 알아두지 않으면 절대로 나를 데려가지 않겠다고 말이야. 이건! 정말 해도 해도 너무하지 않니? 처음부터 철저하게 계획된 거라고. 나를 할머니 댁에 맡겨놓고 두 분만 여행을 떠나시려는 음모가 분명했어. 하지만 내가 그렇게 되게 내버려둘 이영아가 아니지. 아빠가 사주신 두꺼운 책을 읽고 또 읽고, 열심히 공부해서 아빠의 시험을 통과하고 당당하게 영국 땅을 밟은 불굴의 이영아 아니겠어? 자자, 근데 어디부터 가야하나?

특별한 방학 여행

1. 왜! 영국이다!

2. 램즈게이트에서 생긴 일

3. 특별한 만남

 화이트헤드의 '유기체의 철학'을 일컬어 형이상학을 싫어하는 존 듀이도 '철학에 대한 혁명적 공헌'이라고 평했으며, 영국의 문예비평가 허버트 리드는 화이트헤드를 '20세기의 데카르트'라고 불렀다.

— 오영환, 《화이트헤드의 유기체 철학》 중에서

1 와! 영국이다!

　우와! 이야! 으아……, 내가 왜 이렇게 흥분하느냐고? 여긴 버
킹엄 궁전이야! 정말 여기 진짜로! 완전! 사람 되게 많다! 궁전이
보이질 않아. 근위병들은 어디있는거야? 나는 폴짝폴짝 뛰면서
목을 이리저리 뺐지만 모여든 관광객들이 어찌나 많은지 잘 볼 수
가 없었어. 나는 답답한 마음에 엄마 손을 살짝 풀고 사람들 틈을
요리조리 뚫고 경계선 앞쪽까지 나아갔어. 그랬더니, 오! 저 멀리
정문 근처에서 말을 탄 근위병들이 절도 있는 모습으로 교대식을

진행하는 게 보이는 거야. 와! 진짜 멋있다. 저 옷 좀 봐. 동작도 하나하나 얼마나 딱딱 들어맞는지. 그렇게 내가 넋을 놓고 보고 있는데 갑자기 딱! 소리가 나더니 머리에서 불이 나는 거야. 엄마였어.

"너! 엄마 손 놓지 말랬지? 이렇게 사람 많은데 잃어버리면 어쩌려고!"

엄마의 무서운 눈빛. 나는 머리를 감싸 안고 툴툴거렸어.

"안 잃어버려요. 내가 무슨 어린앤가? 엄마는 나 머리 나빠지면 어쩌려고 자꾸 꿀밤 때리고 그래!"

"아프라고 때렸다. 정신을 차려야 엄마 말을 듣지."

엄마랑 내가 티격태격하는 새에 어느새 근위병 교대식이 끝났어. 그러자 모여 있던 사람들도 순식간에 사방으로 흩어졌지. 우리 가족은 정문에서 사진을 좀 찍은 다음, 버킹엄 궁전 앞에 있는 거대한 분수 앞에서 잠시 쉬기로 했어. 와! 그런데 저 위에 동상 좀 봐. 대체 저 동상은 뭐기에 번쩍번쩍 금까지 칠해 놓은 거지? 날개를 달고 있는 걸 보니, 천사인가?

"아빠! 근데 저 동상은 뭐예요? 무슨 천사인가요?"

내가 뭐 이상한 질문이라도 했나? 왜 갑자기 엄마아빠가 저렇게 벙한 표정으로 나를 쳐다보시는 거지?

"영아야! 이 동상이 바로 오면서 내내 이야기했던 빅토리아 여왕 동상이란다. 아빠가 이번 여행에서 갈 곳에 대해 공부 좀 해놓으라고 했더니, 책을 보긴 한 거니?"

허걱! 아니 여왕이 왜 날개를 달고 있는 거야. 사람 헷갈리게. 나는 급하게 둘러대기 시작했어.

"아빠도 참! 내 말은, 여왕이 날개까지 달고 그러니까……, 참 멋있네! 빅토리아 여왕이 얼마나 대단한 사람이었으면 날개까지 달아줬겠느냐, 뭐 그런 말이었죠. 나도 알아요. 안다니까! 공부했어요. 진짜로."

궁색한 내 변명에 엄마아빠는 또 피식 웃음을 터뜨리기 시작했어. 아, 정말 앞으로 내 영국 여행이 순탄치 않을 것 같은 생각이 몰려오네. 이래서 벼락치기 공부는 안 좋다니까. 그런데 영국은 특이하게도 왜 여왕이 더 유명할까? 지금 영국의 통치자도 엘리자베스 여왕이고. 내가 알고 있는 것만 해도 빅토리아 여왕, 엘리자베스 여왕, 메리 여왕, 이렇게나 많잖아. 게다가 영국엔 여왕이 다스려야 나라가 부강해진다는 속설도 있대. 정말 그런가?

"아빠! 그런데 다른 나라와 달리 영국은 특히 여왕이 유명한 것 같아요. 왜 그런 거예요? 무슨 특별한 이유라도 있어요?"

"영국엔 왜 여왕이 유명할까? 당연히 여왕이 다스렸던 시대가 영국을 부강하게 만들었기 때문이 아닐까?"

"그렇겠죠. 여왕이 다스렸는데 나라가 가난해졌다, 그러면 국민들이 여왕을 좋아하지 않았겠죠. 그런데 여왕이 다스리던 시절이 전부 다 좋지는 않았을 거 아니에요?"

"그러게 말이다. 하지만 중요한 건 말이지, 그 모든 여왕들의 시대를 국민들이 좋은 시절로 기억하게끔 만든 한 여왕이 있었단다. 대부분의 여왕들이 치세를 잘 했던 것도 물론 이유였겠지만, 지금 말하려고 하는 이 여왕은 너무나 위대해서 후대 사람들에게 여왕에 대한 좋은 인상만 남길 정도였거든. 어때? 이해가 되니?"

"대충은요. 그러니까 어떤 한 사람이 정말 위대하고 좋은 사람이었기 때문에 그와 비슷한 다른 사람들까지도 함께 좋아 보일 수 있다는, 뭐 그런 거잖아요. 그럴 수 있을 것 같아요. 그런데 그 여왕이 대체 누구예요? 빅토리아 여왕인가요?"

"그래. 이야기 하나 해줄까? 빅토리아 여왕 시절에 크림전쟁이 일어났단다. 프랑스가 그리스 정교에 예루살렘교회의 관리권을 넘겨달라고 하자 오스만 제국은 선뜻 관리권을 로마가톨릭 교황

역사 —끊임없이
이어짐

청에 내주었는데 문제는 러시아였단다. 그리스 정교는 오스만 제국 뿐 아니라 러시아의 국교이기도 했는데, 때문에 러시아의 왕 니콜라스 1세는 성지관리권을 프랑스에 넘겨준 오스만 제국에 대해 화가 난거지. 그래서 오스만 제국에 특사를 보내 예루살렘 성지 관리권을 다시 돌려받을 것을 요구했단다. 하지만 오스만 제국은 이 요구를 거절했고 화가 난 러시아의 니콜라스 1세는 군대를 파견해 오스만 제국을 위협했단다. 당연히 오스만 제국은 프랑스에 도움을 청했지. 물론 이때까지만 해도 니콜라스 1세는 영국이 프랑스를 도와 연합군을 파견할 거라고 생각지는 않았어. 하지만 프랑스와 러시아의 전쟁을 지켜보던 영국은 러시아가 흑해를 통해 지중해까지 진출할 것을 염두에 두고 프랑스와 연합군이 되어 이를 막으려고 했단다. 그리고 오스만 제국은 프랑스와 영국이 연합군이 되었다는 사실을 알고 러시아군을 공격했단다. 이것이 바로 크림전쟁의 시작이고 말이야."

"어쨌든 영국은 당시 부강한 나라였잖아요. 군대도 강했을 거고. 그러니까 오스만 제국도 마음 놓고 영국과 프랑스를 믿은 게 아닐까요? 그럼 뭐 전쟁은 쉽게 끝났겠네요."

"그럴 것 같지만 그게 또 쉽지 않았단다. 사실 대부분의 영국 사람들은 러시아를 타도하자며 전쟁을 찬성했지만 프랑스와 영국 연합군이 크림반도에 도착했을 때 상황은 완전히 달랐거든."

"어떻게요?"

"오랫동안 전쟁을 하지 않았던 탓에 영국군은 무기도 부족했고, 지휘관도 부족했단다. 특히 입을 옷과 부상자를 치료할 의료시설이 아주 많이 부족했지."

"설마 진 건 아니겠죠?"

"당연하지. 그렇다면 빅토리아 여왕이 이토록 위대해지지 않았겠지. 안 그러니? 바로 그 때, 아주 중요한 두 가지 사건이 일어났단다."

"두 가지 사건이요?"

"그렇단다. 하나는 니콜라스 1세가 죽었다는 거고, 다른 하나는 바로 백의의 천사 나이팅게일의 등장이었지."

"아! 나이팅게일! 위인전에서 읽은 나이팅게일이 여기서 이렇게 등장하는구나. 맞아요. 나이팅게일 덕분에 침체되어 있던 군인들이 많은 힘을 얻어서 전쟁을 승리로 이끌었다고 읽은 것 같아요. 그러고 보면 빅토리아 여왕은 참 운도 좋은 것 같아요. 그죠? 적절한 시기에 상대편 왕도 죽고, 또 나이팅게일처럼 대단한 지원군까지 얻게 되잖아요. 그럼 결국 러시아가 전쟁에서 졌겠네요?"

"그래. 덕분에 영국과 프랑스는 지중해 깊숙이까지 들어올 수 있는 기회를 얻었고 말이다. 그러니 영국은 더욱 더 부강해졌을 테고, 빅토리아 여왕의 위용도 그만큼 높아졌을 테고. 모든 게 이렇게 이어지는 거란다."

"그렇구나. 그러고 보면 정말 위대한 사람들은 뭐가 달라도 다른 것 같아요. 하늘도 위대한 사람을 알아보는 게 아닐까요?"

"그러게 말이다. 모든 상황이 이렇게 잘 맞아 떨어지기도 힘들지. 하지만 중요한 건, 이 모든 것들은 결과가 아니라는 거야."

"결과가 아니라니요? 산업혁명과 크림 전쟁 덕분에 빅토리아 여왕이 유명해졌고 더불어 영국도 부강해진 거잖아요. 이게 결과 아닌가요?"

"당연히 끝이 아니지. 역사는 끊임없이 이어지는 거란다. 지금 영국이라는 나라가 없어지거나 사라진 게 아니잖니? 계속해서 변화하고 새롭게 태어나는 거란다. 과거의 역사는 오늘을 위한 과정이고 오늘 또한 미래를 위한 과정이라는 말이야. 그러니까 지금 우리도 그 과정 속에 있는 거지."

끝이 아니라니, 그게 무슨 뜻일까? 그럼 여전히 무엇인가가 진

행되고 있다는 말인가? 나는 그냥 아빠가 '여자도 얼마든지 위대해질 수 있다!'는 걸 말하기 위해서 빅토리아 여왕이나 나이팅게일에 대해 이야기를 꺼낸 걸로만 알았는데, 뭔가 아빠가 하고 싶었던 이야기는 다른 게 아닐까 하는 생각이 잠시 들었어. 과연 아빠가 진짜 하고 싶었던 이야기는 뭘까?

영국에서의 하루하루는 너무 빨리 지나가는 것 같아. 벌써 우리가 런던에 머문 지도 일주일이나 지났거든. 그동안 우리는 런던 시내 구석구석에서부터 런던 근교에 있는 옥스퍼드까지 정말 쉴 틈도 없이 돌아다녔어. 그 중에서 가장 기억에 남는 곳을 찍으라면 단연 옥스퍼드의 크리스트 교회! 바로 영화 해리포터의 촬영지였지. 영화의 한 장면 속으로 내가 걸어 들어간 것 같았다니까. 그리고 런던 시내에 있는 국립박물관에도 갔었는데, 전시된 유물들이 얼마나 많은지 하루 종일 둘러봐도 끝이 없을 것 같더라. 이집트, 그리스 같은 곳에서 가져온 전시품들은 또 어떻고. 아빠 말씀에 의하면 이집트보다 더 많은 이집트 유물들이 전시된 곳이래. 음, 그리고 또 야경! 절대 빼놓을 수 없지. 특히 너무나도 유명한 타워 브리지의 야경은 환상적으로 아름다웠어. 사람들이 런던을 꿈의 도시라고 부르는 이유를 알 것 같더라. 내일 모레면 이곳을 떠나야한다는 게 너무 아쉽다. 가보고 싶은 곳도 아직 많이 남았는데, 하지만 뭐, 어쩔 수 없지. 이담에 크면 그 때 다시 올 거야. 꼭! 멋진 대학생이 되어서 배낭여행을 떠날 거야. 그때는 런던 뿐 아니라 다른 나라들도 가봐야지. 얼마나 멋질까!

　우리 가족이 아침부터 서둘러 호텔을 빠져나온 건, 오늘 갈 곳이 조금 먼 곳이기 때문이야. 그곳이 어디냐고? 바로 램즈게이트라는 곳인데 해변에 위치한 작은 마을이래. 유명한 여행지는 아니어서 내가 본 책자에도 자세한 말은 없었지만 엄마랑 아빠는 이번 여행에서 가장 염두에 두고 계신 곳인 것 같아. 여행 전부터 램즈게이트에 대한 말씀을 많이 하셨거든. 난 잘 모르지만 이곳이 어떤 철학자가 태어난 곳이라고 하더라고. 그래서 우리는 미리 예약해둔 버스를 타고 램즈게이트로 향하는 중인 거지. 나는 사실 런던에 조금 더 머물고 싶었는데 말이야. 오늘 램즈게이트에 가게 되면 런던과는 마지막이거든. 우리는 램즈게이트에서 런던으로 돌아온 후 곧바로 비행기를 타고 한국으로 돌아가야 하니까 말이야. 런던아, 안녕! 왕자님도 못 보고 꿈에 그리던 멋진 로맨스도 만들지 못하고 이렇게 런던을 떠나야 하다니, 나도 참 안타깝단다. 우리 꼭 다시 보자. 나는 차창 밖으로 멀어지는 런던 시가지를 향해 가만히 손을 흔들어줬어.

2 램즈게이트에서 생긴 일

얼마쯤 왔을까. 버스에서 한숨 푹 자고 일어났더니 램즈게이트에 거의 도착한 것 같았어. 와! 해변이라 그런지 런던과 또 다른 분위기가 느껴지잖아! 런던처럼 고색창연하지는 않지만 어딘가 편안한 느낌이 든다고 할까? 그래, 램즈게이트! 첫인상이 마음에 든다. 우리 이틀 동안 잘 지내보자.

버스 역에서 내려서 우리는 일단 예약해둔 호텔로 들어가 짐을 풀고 식사부터 하기로 했어. 부모님이 나누는 말씀을 들어보니 이

곳에서 가장 유명한 곳은 바로 캔터베리 대성당이래. 아마도 그곳이 램즈게이트에서 우리의 첫 관광지가 될 것 같아. 앗, 와! 저 사람들 좀 봐. 동상인가? 꼼짝도 안하고 서있는데?

어! 아니다. 방금 움직인 거 봤지? 거리 퍼포먼스인가? 엄마 뒤를 잰걸음으로 쫓아가면서도 내 눈은 역 앞 거리에서 공연을 펼치고 있는 어떤 사람에게 온통 쏠려있었어. 복장도 분장도 전부 은색인데 석고상처럼 무표정한 얼굴이 정말 신기하더라고.

그 앞에 모여 있던 몇몇 관광객들이 박수를 치며 모자에 동전을 넣어주면 로봇처럼 움직여서 인사를 하는데 정말 사람이 아니라 석고상이 움직이는 느낌이 든다니까. 나는 나도 모르게 앞서 가는 엄마를 불러댔어.

"엄마! 엄마! 저 사람 좀 봐! 되게 신기해. 정말 석고상 같아."

"……."

"엄마! 저것 좀 보라니까……."

"……."

바로 그 때였어. 뭔가 불길한 예감이 머릿속을 휙 스치고 지나갔지. 나는 고개를 돌려 엄마를 찾기 시작했어. 어디 계신거지? 분명히 잘 따라왔는데. 장난치시는 건가?

"엄마……."

내 목소리가 왠지 떨리는 것 같았어. 아니, 정말로 내가 떨고 있는 게 아닐까? 조금씩 심장도 빠르게 뛰기 시작했어. 아니야. 엄마가 장난치는 걸 거야. 날 두고 가셨을 리가 없는데. 근데 왜 자꾸 눈물이 나려고 하지? 나는 큰 소리로 엄마아빠를 불러보고 싶었지만 온통 낯선 사람들, 낯선 말만 가득한 곳이라 소리를 지를 용기도 나질 않았어. 다리가 후들거려서 한 걸음도 뗄 수가 없었고 말이야.

방금 전까지만 해도 신기하고 멋있게만 느껴지던 거리 풍경이 갑자기 너무나 무섭고 위험한 곳처럼 느껴졌어. 지나는 사람들이 나를 힐끔힐끔 쳐다보는 것도 같고……. 어쩌지? 어떻게 하지? 어디선가 금방이라도 엄마가 나타나서 꿀밤을 때리고 '너 엄마 손 놓고 다니지 말랬지!!' 하고 혼낼 것 같은데. 왜 아무도 오지 않는 거지? 아빠는 어디에 있는 거야? 나도 모르게 눈에서 눈물이 비죽비죽 흘러나오기 시작했어. 어떡해. 어떡해…….

"꼬마야! 너 한국에서 왔니?"

꼼짝도 못하고 그 자리에서 서서 막 울고 있는데, 누군가 내게 물었어. 눈물 때문에 앞이 뿌옇게 흐려져서 누가 물어보는지 잘 보이지도 않았는데 그 사람이 한국말을 했다는 것만으로도 정신이 확 들더라.

"네네! 저 한국에서 왔어요. 저 한국사람 맞아요."

"울지 말고 꼬마야. 그런데 왜 여기서 혼자 울고 있어? 무슨 일 있었어? 부모님은 어디 계시니?"

"엄마가! 엄마가⋯⋯ 방금⋯⋯ 여기 있었는데⋯⋯, 내가⋯⋯ 잠깐⋯⋯."

내가 흑흑대면서 말을 제대로 잇지 못하니까 그 사람은 내 어깨를 토닥이면서 나를 진정시켰어.

"부모님을 잠깐 잃어버렸나보구나. 괜찮아⋯⋯ 찾을 수 있을 거야. 괜찮아. 오빠가 도와줄 테니까, 뚝!"

생전 처음 보는 사람인데도 나는 그 사람이 한국인이라는 것 하나만으로도 마음이 놓였어. 정말 지푸라기라도 잡은 심정이었지. 하지만 눈물도 그치지 않고 너무 놀라서 나도 모르게 손발이 벌벌 떨려오는 거야. 그 사람은 일단 나를 가까운 벤치로 데려가서 앉히고 내 울음이 조금 가라앉을 때까지 등을 토닥거려줬어. 그제야 좀 진정이 되더라.

"이름이 뭐니?"

"영아요……, 이영아……."

"귀여운 이름이네. 오빠는 승주야. 한승주. 여기서 어학연수 중인 학생이고. 오빠가 이 곳 지리를 잘 아니까 일단 부모님 기다려보다가 안 오시면 숙소로 직접 찾아가자. 걱정하지 마. 찾으러 오실 거야."

나는 고개를 들 수가 없었어. 몇 번씩이나 엄마가 주의를 줬는데도 이렇게 부모님을 잃어버리다니. 또다시 눈물이 비죽비죽 나오려고 하는데, 꾹 참았지. 내가 고개를 푹 숙이고 풀이 죽어있으니까 오빠는 이것저것 이야기를 해주기 시작했어.

엄마가 처음 보는 사람 막 따라가거나 하지 말라고 늘 주의를 줬는데. 참 이상하다. 왜 처음 봤는데도 이렇게 편하게 느껴지는 거지? 나는 오빠가 이야기하는 모습을 물끄러미 바라보기 시작했어. 근데 가슴이 왜 이렇게 두근거리지? 아직 놀란 게 진정이 안됐나? 그러다가 오빠랑 눈이 마주치자 나는 황급히 고개를 돌리고 말았어. 내가 정말 왜 이러지? 나는 최대한 아무렇지도 않은 척 조심스럽게 물어봤어.

"그런데 손에 들고 있는 책, 무슨 책이에요?"

영어로 쓰여 있는데 곁에 무슨 괴물이 그려져 있는 책이었어.

"아, 이거. 프랑켄슈타인이야."

"공포소설이요?"

"음, 보통은 영화 때문에 공포소설로 많이들 알고 있지만, 사실 프랑켄슈타인은 낭만주의 소설이야."

"프랑켄슈타인이 낭만주의라고요? 낭만주의라고 하면 아름다운 사랑이야기 아닌가요?"

"좀 어려운 얘기긴 한데……, 음……무슨 얘기부터 해줘야 하나. 말하자면 그 시대에 나타난 특수한 상황 때문이라고 할 수 있겠지."

"시대적인 상황이요?"

오빠는 내가 호기심을 보이자 친절하게 이것저것 설명해주기 시작했어. 아무래도 내가 부모님을 기다리는 동안 다른 데 신경을 쓰게 하려고 일부러 더 자세하게 설명해주는 것 같더라고.

그런데 어쩐지 나는 이 상황이 너무 낭만적으로 느껴지는 거야. 이상하지? 왜 가슴이 두근거릴까? 엄마아빠를 잃어버려서 그런 거겠지? 그치?

"영아야, 혹시 유럽의 궁전생활이 나오는 영화 같은 거 본 적 있니? 사람들이 화려한 드레스에 하얀 가발을 쓰고 음악에 맞춰 춤

낭만주의 소설

추는 장면 같은 거 말이야."

"그럼요. 공주님이랑 왕자님 나오는 얘기를 제가 얼마나 좋아하는데요?"

"그렇구나. 영아가 좋아하는 그런 것들을 바로 고전주의라고 하는데, 왕이 가지고 있는 절대적인 힘과 아름다움을 중요하게 생각하는 것이 바로 고전주의라는 거야. 말하자면 우리가 지금 알고 있는 우아하고 순수한 귀족주의 문화라고나 할까? 하지만 그렇게 귀족들이 화려하게 생활하는 반면 서민들은 가난하고 힘들게 살 수 밖에 없었겠지. 그러다가 영국의 산업혁명이 일어나면서 상업으로 돈을 번 시민들이 많이 나타나게 되는데……아참, 산업혁명이 뭔지 모르겠구나?"

"아니에요. 19세기 산업혁명과 빅토리아 여왕에 대해서는 잘 알아요."

대답하면서 나는 어쩐지 어깨에 힘이 들어가는 느낌이 들었어. 오빠도 놀란 듯이 나를 다시 보더라.

"와! 이렇게 똑똑한 꼬마를 만나다니. 영광인 걸?"

'꼬마가 아니라, 아가씨라고 해 주세요…….' 라고 말하고 싶은 걸 꾹 참았어. 생각해 보니까 아까부터 계속 꼬마라고 하는데, 나도 내년이면 어엿한 중학생이란 말이야. 하지만 이런 나의 마음을 아는지 모르는지 오빠의 이야기는 계속 이어졌지.

"그럼 설명하기가 훨씬 쉽겠다. 어쨌든 그 산업혁명으로 돈을 많이 번 시민들이 나타나고 왕과 귀족들이 만든 많은 불평등한 법들이 서서히 무너져 내렸지. 하지만 이렇게 사회가 빠르게 변화하면서 사람들은 어떤 위기감을 느끼게 됐어. 그동안은 무조건적으로 왕에게 복종하고 나라의 평화를 위해 살았지만 이제는 개인의 삶이 보다 중요하다는 생각을 갖게 된 거지. 실제로 많은 사람들이 복잡한 도시를 떠나 한가롭고 평화로운 시골의 전원생활을 하기를 원했어. 하지만 그러면서도 마음 한 편으로는 프랑켄슈타인과 같은 괴물을 그리고 있었지."

"이해가 잘 안가요. 평화로운 삶을 꿈꾸었다는 사람들이 왜 프랑켄슈타인 같은 괴물을 만들어내게 된 거죠?"

"모순적으로 보이긴 하지만 서민들은 그동안 절대왕권에 억눌려 있던 마음을 전원생활로 달래는 동시에 마음속으로는 귀족들의 몰락을 꿈꾸었던 거지. 이런 모순적인 생각이나 삶이 바로 낭만주의의 특징이기도 해. 요즘 나오는 드라마나 영화를 보더라도 비슷한 면이 있지 않니? 아름다운 사랑 이야기가 나오지만 동시에 그 사랑을 질투하고 시기하는 못된 인물들이 함께 나오기도 하잖아?"

그래, 맞아. 콩쥐에게는 항상 팥쥐가 있고, 신데렐라에게는 못된 새엄마가 있는 것처럼 말이야.

"이해가 얼핏 될 것도 같아요. 그러고 보면 낭만이라는 말은 꽤 복잡한 거네요. 그런데 그 책 재미있어요?"

"글쎄⋯⋯영어공부도 할 겸 해서 읽는 건데, 사실 프랑켄슈타인을 좋아하는 건 아니고 다만 요즘 내가 관심을 갖게 된 사람이 이 책을 좋아했다고 하더라고. 그래서 나도 한 번 읽어보는 중이야."

관심을 갖게 된 사람이라고? 혹시⋯⋯여자? 프랑켄슈타인을 좋아하는 여자? 나는 왠지 질투가 나기 시작했어. 프랑켄슈타인 따위를 좋아하는 여자라면 참 별로일 것 같지 않니? 나는 최대한 새침하지 않게 보이기 위해 노력하며 물었지.

"프랑켄슈타인을 좋아하는 여자요?"

"응? 아니! 하하, 여자가 아니고 철학자야. 이 곳 램즈게이트에서 출생한 철학자. 화이트헤드라는 사람인데⋯⋯아, 아까 빅토리아 여왕에 대해서 잘 알고 있다고 했었지? 바로 그 시대에 가장 유명했던 철학자였어."

일단 여자가 아니라는 것만으로도 안심이 되는 나. 내가 왜 이러지? 그게 나랑 무슨 상관이라고!

"화이트……헤드요? 머리가 하얀 사람이었나요? 그 사람이 프랑켄슈타인을 좋아했다는 거예요?"

"하하! 머리가 하얀 사람은 아니었고. 화이트헤드가 낭만주의 소설을 아주 좋아했다고 해. 낭만주의 소설가 중 특히 워즈워드와 셸리를 가장 좋아했지."

아름다운 이야기를 보고 사람들은 '아! 낭만적이야!'라고 하는데 낭만주의에는 여러 가지 의미가 있었구나…….

승주 오빠의 말에 귀 기울이면서 엄마아빠를 잃어버리고 들었던 두려움이 어느새 사라지게 되었어.

그때였어. 어디선가 내 이름을 부르는 소리가 들리는 거야.

3 특별한 만남

"영아야!"

아빠다! 저 멀리서 숨이 턱에 닿게 헉헉 거리며 뛰어오는 아빠를 보고 나는 미친 듯이 달려가 안겨서는 엉엉 울어버렸어. 얼마나 반갑고 또 안심이 되는지. 뒤따라서 얼굴이 새파랗게 질린 채 달려온 엄마까지, 우리 세 사람은 서로 얼싸안고 울고불고 난리도 아니었지. 지나가는 사람들이 무슨 일인가 모여서 구경을 했을 정도라니까.

"그러게 엄마가 한 눈 팔지 말고 엄마 손 잘 붙잡고 따라오라고 몇 번이나 말했어! 응? 너 때문에 엄마 심장 떨어질 뻔 했잖아!!"

엄마는 내 등을 때리면서 막 울었어. 근데 있지. 나는 그게 하나도 억울하지가 않더라. 평소 같았으면 한 대만 맞아도 막 화나고 그랬을 텐데, 엄마도 얼마나 놀랐을까 생각하니까 미안해서 자꾸 눈물만 나더라.

"어디 다친 덴 없지? 정말 잃어버렸으면 이 낯선 곳에서 어쩔 뻔 했어!! 놀라진 않았어? 괜찮아?"

정신없이 쏟아지는 엄마의 물음에 나는 그제야 승주오빠 생각이 났어.

"저기⋯⋯저 오빠가 많이 도와줬어."

"누구?"

오빠가 웃으면서 다가와서 부모님께 인사를 드렸어.

"안녕하세요."

"아유, 한국 학생인가 봐요. 고마워서 이걸 어째."

"아닙니다. 영아가 부모님을 잃어버렸다고 해서 같이 기다려줬을 뿐인데요 뭐. 제가 여기서 어학연수를 하고 있어서 지리를 좀 알거든요. 만약 못 찾으시면 호텔까지 데려다주려고 했는데 다행히 찾아오셨네요. 길이 좀 많이 복잡하죠?"

엄마랑 아빠는 버스를 타고 가려다가 내가 없는 걸 깨닫고 다시 내리긴 했는데, 길이 복잡해서 한참 헤매셨다고 하더라고.

"정말 고마워요. 이거 남의 나라에서 번듯한 우리나라 청년을 만나니 더 반갑네요."

아빠도 승주오빠한테 손을 내밀었어. 그런데 갑자기 승주오빠가 놀라면서 이렇게 말하는 거야.

"어! 선생님……, 혹시 한일고등학교 이성호 선생님 아니신가요?"

우리 모두는 눈이 똥그래져서 오빠와 아빠를 쳐다봤지. 아빠도 눈을 가늘게 뜨고 뭔가를 생각하시더니 기억이 난 듯 말씀하셨어.

"어! 자네 혹시 3학년 2반 한…… 승주?"

"예! 어떻게 이름까지 기억하고 계시네요? 저 승주 맞습니다, 선생님!"

"아이고. 이렇게 반가울 데가 있나. 세상 참 좁아. 어떻게 이런 곳에서 다 만나게 됐지?"

알고 보니 오빠와 아빠는 서로 사제지간이었던 거야. 아빠는 반가운 마음에 승주오빠의 어깨를 두드리며 기뻐하셨어. 그리고는 곧장 오빠를 저녁 식사에 초대하셨지.

"내가 정말 갚을 수 없는 신세를 진 것 같은데. 어떤가? 오늘 저녁 때 시간 되면 같이 식사하면 좋을 텐데!"

"신세는요, 무슨. 괜찮습니다. 별로 한 일도 없는데요."

오빠가 웃으며 정중히 거절하자 엄마도 한 마디 거들었어.

"그렇게 해요. 여기서 이렇게 만난 것도 인연인데. 우리가 고마워서 그냥 못 보내겠네요."

"아, 감사합니다. 그럼 대신 오늘 여행안내는 제가 해드릴게요."

이렇게 해서 우리는 하루 동안 함께 여행을 하기로 했어. 캔터베리 대성당과 도버해협, 그리고 또 관광객들에게는 잘 알려져 있지는 않지만 구석구석 숨은 명소까지. 원래 이 램즈게이트는 조그만 어촌이었다가 산업혁명이 일기 시작하면서 유럽 여러 나라로 물건을 팔기 위한 항구도시로 발전했대. 그런데 말이야, 참 이상하지? 왜 승주오빠가 우리 가족을 안내하며 설명해주는 것들은 귀에 잘 안 들어오고 그냥 오빠가 웃는 모습, 진지하게 아빠와 이야기를 나누는 모습만 자꾸 눈에 들어오는 걸까? 안경도 안 썼는데, 다른 건 다 뿌옇고 오빠 한 사람만 선명하게 내 눈에 보이는 거야. 아까부터 가슴도 자꾸 이상하게 뛰고. 오늘은 정말 이상한 날인가 봐. 딴 데 정신 팔다가 엄마아빠도 잃어버리고, 게다가 시도 때도 없이 가슴이 쿵쾅거리고 말이야. 이상해. 정말 이상해.

"런던에서는 어딜 가든 한국 관광객들이 눈에 띄었는데 여긴 좀 뜸하군. 별로 안 알려진 모양이야."

드디어 저녁 식사 시간, 우리 네 사람은 호텔 근처의 아담한 레스토랑에 자리를 잡고 앉았어. 주문한 음식이 나오기 전에 아빠가 주변을 둘러보며 말했지.

"사실 그래서 아까 영아를 봤을 때도 금방 알아본 거예요. 동양인들이 별로 없는 곳이거든요. 저는 사실 일부러 한국 학생들이 많지 않은 곳을 택하다 보니 이곳까지 오게 됐는데요, 바다가 가까이 있어서 그런지 아주 마음에 들어요. 유럽에서는 꽤 유명한 휴양도시인데 한국 관광객들에게는 상대적으로 덜 알려진 셈이죠."

똑똑하고 예의바른 오빠의 대답에 엄마가 흐뭇하게 웃으시면서 말씀하셨어.

"우리도 사실 이곳을 들를까 말까 많이 고민했었어요. 하지만 아무래도 화이트헤드의 고향이다 보니 욕심이 나더라고요. 또 이런 기회가 있을지도 모르겠고 해서 이렇게 찾아오게 된 거죠."

"아까부터 저도 짐작하고 있었는데, 화이트헤드 때문에 오신 거

맞군요. 고등학교 때 선생님께서 종종 과정의 중요성에 대해 말씀하시면서 화이트헤드를 언급하셨던 기억이 나요. 요즘 화이트헤드에 대해 공부하고 있는데 선생님 생각이 문득 나기도 했었어요. 그런데 이렇게 뵙게 되니 정말 신기합니다."

"그런 사소한 것까지 다 기억하고 있었나?"

아빠는 크게 웃으시면서 기뻐하셨어. 그런데 갑자기 이 자리에서 한마디도 못하고 앉아있는 내가 너무 초라하게 느껴졌어. 나도 부모님과 승주오빠의 대화에 자연스럽게 끼어들면 얼마나 좋을까? 나도 저렇게 멋진 이야기를 나눌 수 있다면 오빠도 나를 좀 다르게 볼 텐데 말이야. 그런 생각을 하니 더욱 기가 죽었어. 한참 동안이나 세 사람 사이에서 화이트헤드에 대한 이야기가 오고 갔지만 나는 솔직히 한마디도 알아들을 수가 없었거든. 그러다가 마침내 용기를 내어 아빠에게 물어봤지.

"아빠, 화이트헤드가 도대체 누구예요?"

"아이고 이런! 너무 우리끼리만 얘기해서 영아가 심심했겠구나. 화이트헤드는 빅토리아 여왕 시절의 유명한 수학자란다."

"수학자요? 어, 그런데 아까 승주 오빠는 철학자라고 했던 것 같은데……?"

과 정 철 학

승주오빠가 살짝 웃으면서 '잘 기억하는데?' 하는 눈빛을 보냈어. 그런데 갑자기 그 눈빛에 내 가슴이 철렁 내려앉는 거야. 왜 이러지? 나 정말 어디 아픈 거 아닐까?

"승주가 여러 얘기를 해줬나 보구나. 실제로 철학자이기도 했지. 1880년에 화이트헤드는 열아홉 살의 나이로 케임브리지 대학교에 입학해서 수학과 논리학을 공부하고, 대학을 졸업한 이후에는 바로 케임브리지 대학교 수학교수가 되었단다. 그러다 나중에는 미국의 하버드로 건너가 철학을 공부해서 과학을 바탕으로 한 철학을 연구하게 되거든. 그게 바로 과정철학이라는 건데, 수학을 바탕으로 한 만큼 화이트헤드의 철학은 다른 철학자에 비해 좀 특이한 점이 많지. 화이트헤드의 철학은 과정철학이라고 하기도 하고 유기체 철학이라고도 부른단다. 화이트헤드는 어떤 사람이 스스로 창조하는 과정을 통해 자신을 파악하는 과정을 거치면서 다른 사람에게 영향을 주고 그 사람들이 서로 이어져 하나의 세상을 이루고 있다고 했지."

옆에서 아빠의 말씀을 듣고 있던 승주오빠가 내 표정을 살피더니 말했어.

"영아야 어렵지? 오빠도 아직 잘 몰라서 지금까지 공부하잖아."

아빠의 말씀은 너무 어려웠지만 승주오빠가 옆에 있는데 잘 이해하지 못하는 모습을 보이기 싫었어. 그런데 승주오빠가 날 배려하면서 자상하게 이야기 해줘서 너무 고맙더라. 그때 아빠께서 말씀하셨어.

"그러고 보니 화이트헤드가 영아와 닮은 점이 있네."

"닮은 점이 있어요? 어떤 점이요?"

"영아야, 너 축구 좋아하지?"

"축구요? 그럼요. 축구가 얼마나 재미있는데요."

"화이트헤드도 너처럼 축구를 아주 좋아했단다."

"그래요?"

"그럼, 축구를 좋아해서 학생시절에는 축구부 주장까지 했는걸."

"어! 영아도 축구 좋아하니? 나도 완전 광팬인데. 우리도 통하는 게 있네?"

와! 다행이다! 오빠랑 내가 통하는 게 있다니. 워즈워드니 셸리니 정말 알 수 없는 사람들에다가 화이트헤드라는 어려운 철학자 이름까지. 정말 가까이 하기엔 너무나 먼 당신이라고 생각했었는데, 이것 봐. 우린 닮은 점이 너무 많아. 어쩌면 우린 운명일지도 몰라.

그렇게 영국에서의 아쉬운 밤이 저물어갔어. 내일이면 한국으로 돌아가는데, 여행의 아쉬움보다 승주 오빠랑 헤어진다는 사실이 더 아쉬웠어. 그래서 한국으로 돌아가도 승주오빠랑 이메일로 소식을 주고받기로 했어. 두근두근……내 마음이 왜 이럴까?

화이트헤드는 누구인가?

1837년, 18살의 나이로 빅토리아여왕은 영국의 왕이 되었습니다. 빅토리아여왕은 영국 왕들 중에서 가장 오랜 기간인 64년 동안 영국을 다스렸습니다. 특히 빅토리아 여왕 시기는 영국 최고의 전성기로써 산업혁명을 끝낸 영국이 세계를 이끌었답니다. 그 결과 빅토리아여왕은 영국의 영광의 상징이 되었습니다.

빅토리아여왕 시절 영국 내에서는 공장에서 일하는 노동자가 중심인 중류계급이 눈부신 성장을 하였습니다. 그리고 정치적으로는 영국의 상징인 의회제민주정치가 발달하였답니다. 뿐만 아니라 빅토리아여왕은 땅을 많이 갖고 있던 귀족들과도 잘 지냈습니다. 이런 과정에서 오늘날 우리가 얘기하는 도덕을 강조하고 체면을 존중하는 '신사의 나라 영국'에 어울리는 사회적인 분위기와 문화가 만들어졌습니다.

빅토리아여왕 시절 국내외의 사정은 좋지 않았습니다. 하지만 빅토리아여왕은 이 모든 것을 정치적으로 잘 해결하였습니다. 인도의 세포이반란과 같은 식민지 지역에서의 문제도 빅토리아여왕은 잘 해결하였습니다. 그리고 빅토리아여왕은 프랑스와 연합하여 나이팅게일로 유명한 크림전쟁을 승리로 이끌었습니다.

　이렇게 영국이 국내외적으로 큰 성장을 보이고 있던 시절인 1861년, 영국이 자랑하는 철학자 화이트헤드가 램즈게이트에서 태어났습니다. 어릴 때부터 독서를 많이 한 화이트헤드는 18살에 케임브리지 대학교에 입학하였습니다. 화이트헤드는 낭만주의 사상가들의 책을 참 좋아했는데, 특히 워즈워드의 시와 1818년에 메리 셸리가 쓴 프랑켄슈타인을 즐겨 읽었다고 합니다.

　케임브리지 대학교를 졸업한 화이트헤드는 바로 케임브리지 대학교 수학교수가 되었습니다. 이후 30년 동안 수학과 논리학을 배우고 가르친 화이트헤드는 1910년, 런던 대학교 수학과 교수가 되었습니다.

　화이트헤드는 케임브리지 대학교와 런던 대학교에서 수학과 논리학 교수로 지내면서 영국 수학회장을 지내는 등 영국 수학의 발전에 많은 기여를 하였습니다. 하지만 화이트헤드는 철학에 관한 생각을 항상 갖고 있었습니다.

　영국의 유명한 수학자 화이트헤드에 관한 소문이 미국까지 퍼져나가자, 미국의 하버드 대학교 총장은 화이트헤드를 자신의 학교로 초청하였습니다. 이미 나이가 많았지만, 그의 실력과 능력 그리고 업적을 인정한 것이죠. 화이트헤드도 하버드 대학교의 초청을 기꺼이 받아들였습니다.

　1924년에 미국에 온 화이트헤드는 지금까지 연구한 수학을 바탕으

로 새로운 학문을 연구하였습니다. 그것이 바로 과정철학입니다. 화이트헤드는 수학을 바탕으로 철학을 연구한 것이죠. 그래서 화이트헤드의 철학은 다른 철학자에 비해 좀 특이한 점이 있습니다.

영국에는 많은 철학자가 있었지만, 그 중에 전쟁을 참 싫어한 철학자 한 사람이 있었습니다. 이 철학자의 이름은 러셀입니다. 러셀은 혼자서 월남 전쟁을 반대하는 데모를 런던에서 거의 매일 하였습니다. 바로 이 러셀과 화이트헤드는 1910년부터 3년 동안 논리적 입장에서 수학의 기초를 확립하고자 함께 책을 한 권 썼습니다. 이 책의 제목은 바로《수학 원리》입니다. 오늘날 수학을 공부하는 모든 사람은 이 책을 꼭 읽어야 할 만큼 아주 유명한 책이랍니다.

화이트헤드는 미국 하버드대학교에서 철학을 연구한 다음 1929년 미국과 영국에서 동시에《과정과 실재》라는 제목의 책을 출판하였습니다. 이 책에서 화이트헤드는 자신의 철학을 유기체철학이라고 주장하였습니다. 하지만 화이트헤드의 철학을 공부한 많은 사람들은 이 책의 제목처럼 화이트헤드의 철학을 과정철학이라고 하였습니다.

빨리 어른이 되고 싶어!

1. 우울한 하루
2. 어른이 된다는 것
3. 우리는 모두 언젠가는 변하는 걸까?

"모든 사물은 흐른다."라는 말 속에 들어 있는 의미를 설명하는 것이 형이상학을 공부하는 사람들의 주요 과제 중 하나이다. 그러나 이 말과 정반대의 생각이 있다. 나는 지금 이 자리에서 그 생각을, 헤라클레이토스가 생각한 것과 같이 완벽하게 표현할 만한 말을 찾지 못하고 있다. 그 정반대의 생각이란 단단한 지구, 산, 돌, 이집트의 피라미드, 인간의 정신, 신과 같은 것처럼 내가 보는 사물들은 변하지 않고 있다는 역설적인 것이다.

─화이트헤드, 《과정과 실재》 중에서

1 우울한 하루

오빠! 잘 지내고 있어요? 전 며칠 있으면 개학이에요. 여행에서 돌아온 지 얼마 되지도 않았는데 어느새 개학이라니. 아~ 학교가기 싫다. 영국에서 돌아온 후에는 친구들도 만나고 시골에 있는 할머니 집에도 갔었어요. 방학숙제가 적어서 미뤄뒀더니 요즘 숙제 하느라 죽을 것 같아요.

음...... 방학숙제? 이거 너무 유치하지 않아? 무슨 초등학생이라고 강조하는 것도 아니고 말이야. 지울까?

애들아, 안녕……. 오늘은 내가 힘이 좀 빠진다. 아니……사실 요즘 계속 기운이 없네. 여행에서 돌아온 지 벌써 2주나 지났는데 아직도 실감이 안 나. 자꾸 딴 생각을 하느라 엄마나 아빠가 무슨 말씀을 하셔도 몇 번씩이나 다시 묻기 일쑤고 말이야. 나도 잘 모르겠어, 요즘 내가 이렇게 멍한 이유를. 어디가 아픈 걸까? 그런 것 같기도 해. 이상하게 가만히 앉아있다가도 까닭 없이 눈물이 나기도 하고, 그러다가도 느닷없이 막 신이 나서 뭐든 다 할 수 있을 것도 같아. 특히 승주오빠의 메일을 받는 날은, 정말 하루 종일 밥을 안 먹어도 배가 부르다니까.

이거 정말 병이 아닐까, 걱정이 되기도 해. 그나저나 왜 나는 오빠한테 메일을 쓸 때마다 이렇게 유치해보이지? 아이 참. 몇 번째 썼다가 지우고 또 썼다가 지우고. 이게 뭐냔 말이야!

"영아야! 저녁 먹어라! 하루 종일 방안에 박혀서 뭐하는 거니?"

"엄마! 노크 좀 해요!! 갑자기 문을 확 열면 어떡해! 애 떨어질 뻔 했잖아!"

"엄마한테 말하는 말버릇 하고는! 너한테 떨어질 애가 어디 있어? 너 또 게임하고 있었지? 너 오늘 하루 종일 컴퓨터 앞에 앉아서 게임했다고 아빠한테 이른다! 방학숙제는 다 끝낸 거니?"

"아, 몰라! 내가 알아서 해. 엄마는 신경 쓰지 마. 나 밥 안 먹어!"

나는 엄마를 바깥으로 밀어내고는 방문을 쾅 닫아버렸어. 괜히 엄마는 아무 것도 모르면서. 왠지 모를 억울함과 야속함이 솟구쳐서 막 눈물이 날 것 같았어. 누가 내 마음을 알아주겠어. 아무도 몰라. 엄마도 이해못한다구. 그렇게 나는 어두운 방안에서 한참동안 침대에 엎드려 울었어. 누군가를 좋아하면 기분이 좋아질 거라고 생각했는데. 왜 이렇게 마음이 아픈 걸까? 왜 자꾸만 눈물이 나는 걸까?

울다가 잠이 들었나봐. 일어나 보니 어느새 창밖이 어두워져 있더라고. 배가 살짝 고프기도 하고 말이야. 괜히 엄마한테 짜증냈다는 후회가 밀려왔어. 살짝 일어나서 방문을 조용히 열었는데, 마침 거실에서 아빠랑 엄마가 하는 말이 들려왔어.

"애가 어디 아픈 건 아니고?" 걱정스러운 아빠의 목소리.

"딱히 그런 것 같지는 않은데 많이 예민하네요, 요즘……. 여행에서 돌아온 이후로 더 그런 것 같은데. 그 때 놀란 것 때문이 아닌지 좀 걱정이에요." 한숨 섞인 엄마 목소리.

"일단 자게 놔둡시다. 많이 피곤해 보이는데. 내일 내가 한 번 애기를 해보도록 하지."

두 분의 기운 없는 대화를 듣고 있으려니 괜히 또 눈물이 나려고 했어. 나 때문에 걱정하시는 것도 모르고, 난 참 못된 애야. 근데 이상하게 엄마, 아빠 앞에만 서면 말이 불퉁스럽게 나오는 걸 어쩌겠어. 그러지 말자고 늘 다짐하면서도 막상 말이 그렇게 나와. 나 정말 왜 이러는 걸까? 나는 조용히 방문을 닫고 다시 침대에 누웠어. 내 모습이 이상하게 변한 것 같아…….

다음날 아침.

"영아야! 오늘 우리 간만에 쇼핑 좀 할까? 영아 새 학기에 필요한 것도 좀 사고, 외식도 하고. 영아가 좋아하는 피자랑 스파게티 먹자. 어때?"

평소 같으면 좋아서 팔짝팔짝 뛰었을 텐데 나는 그냥 얌전하게 '네.' 하고 대답하고 말았어. 나도 잘 모르겠어. 이러면 안 된다는 걸 알면서도 내 마음이 잘 통제가 안 되는 걸 어떡해.

그리고 짐작하겠다시피 쇼핑은 그다지 재미가 없었어. 옷을 사려고 백화점에 갔다가 엄마가 고른 옷을 보고 결국은 화를 내고 말았거든. 엄마는 내가 아직도 어린아이인줄 아시나봐. 애들 같은 옷을 자꾸 입으라고 하시잖아. 요즘 누가 그런 공주 같은 옷을 입

느냔 말이야. 나도 내 취향이라는 게 있고 내가 입고 싶은 옷을 입고 싶은데. 결국 엄마랑 나는 옷을 산다, 안 산다, 서로 실랑이를 하다가 백화점에서도 그냥 나와 버렸고 보다시피 지금은 이렇게 좀 어색한 분위기로 앉아서 피자와 스파게티를 기다리고 있는 중이야. 엄마는 말씀은 안하시지만 굉장히 속이 상하신 듯 보였어. 뭐라고 말을 하고 싶었지만 나 역시 아무 말도 나오질 않았고.

"우리 영아가 요즘 무슨 고민이라도 있는 모양인데, 아빠랑 엄마한테 말해줄 수는 없는 거니?"

"아니에요. 아무 일도 없어요."

"그래?"

아빠는 더 이상 묻지 않았지만 천천히 다른 얘기를 하시기 시작했어.

"실은 어제 아빠가, 영아가 돌보던 화분들을 좀 살펴봤다. 그동안 베란다에서 네가 가꾸던 조그만 정원 말이다."

그래…… 생각해보니 깜빡 잊고 있었다. 내 화분들 말이야. 예전부터 나는 아파트에서 살았기 때문에 마당이나 정원을 가진 집이 부러웠거든. 그래서 아빠의 허락을 얻어 베란다에서 조그만 화분들을 키우기 시작했지. 사실 엄마는, 그렇게 키우다가 관리를 잘

하지 못해서 식물들을 다 시들게 만들 거라고 반대 하셨지만 내가 극구 우겨서 나만의 정원을 만들게 된 거지. 그리고 나는 정말 그 화분들을 정성껏 가꿨어. 지금은 페퍼민트, 로즈마리 같은 허브 종류랑 방울 토마토, 산딸기 같은 식용 식물, 그리고 산세베리아나 행운목 같은 공기 정화 식물까지 다양한 종류의 화분을 키우고 있지. 꽃이 피는 화분들도 많아서 봄·여름이면 얼마나 기분이 좋은지 몰라. 이번에 여행갈 때도 엄마가 특별히 옆집 아주머니에게 부탁해서 관리를 해왔던 건데, 여행에서 돌아온 이후에는 전혀 신경을 못 썼었어. 가슴이 덜컥 내려앉았지. 꽃들이 혹시 다 시들지는 않았을까?

"일 년 전에 네가 화분을 키우기 시작한다고 했을 때 실은 많이 걱정을 했었단다. 생명을 키운다는 것은 결코 쉽지 않은 일이거든. 하지만 아빠 생각보다 영아는 훨씬 정성껏 화분을 가꾸더구나. 게다가 사소한 것들까지도 신경을 잘 써서 분갈이를 해야 할 때도 직접 화원에 나가 화분을 고르고 전체적인 분위기를 고려해서 모든 것들이 서로 잘 어울리게 만드는 걸 보고, 아빠는 내심 깜짝 놀랐단다. 너에게 이런 꼼꼼한 면이 있다는 걸 몰랐거든. 생각해 보렴.

질서와 가치

너는 그 조그만 정원에 나름대로의 질서와 가치를 부여한 거야. 따로따로 떨어져 있었다면 아무것도 아닌 것처럼 보였을 꽃들과 분들이 일정하게 질서를 맞춰놓았기 때문에 그렇게 아름답게 보이는 게 아닐까? 그런 걸 우리는 질서라고 한단다.

세상에는 많은 화분들이 있어. 그 중에서 영아의 손으로 가치를 인정받은 화분들이 한 장소에 모여 서로 존재하게 된거야. 무질서하고 무가치한 것들을 너만의 질서로 의미 있고 가치 있는 것으로 만들어 놓은 거지. 마찬가지로 아빠는 우리집안의 가장으로서 영아가 정원을 가꾸는 것처럼 우리 가족이 서로 이해하고 서로 조화를 이루면서 살아가길 바란단다. 영아가 고민이 있다면 돕고 싶고, 또 무슨 문제가 있다면 그 문제를 함께 해결할 수 있도록 노력하면서 아빠가 소중하게 가꿔온 우리 집안의 질서를 유지시키고 싶다는 뜻이지. 좀 어렵게 들렸을지 모르겠지만, 영아야. 엄마가 요즘 영아 때문에 걱정이 많단다. 우리는 영아가 어서 빨리 예전처럼 우리의 예쁜 딸, 귀여운 딸로 돌아오길 바라. 물론 언젠가는 영아도 나이가 들어서 엄마나 아빠 보다는 친구들이 좋아질 때가 올 테고, 또 더 시간이 지나 어른이 되면 새로운 가정을 꾸리기 위해 우리를 떠나는 날이 올 테지만 그것 역시 하나의 커다란 질서니까 아빠는 그런 변화를 받아들일 거야. 하지만 이렇게 갑자기 영아가 변해버리니까 아빠는 좀 혼란스럽구나. 뭘 어디서부터 어떻게 도와줘야할지 말이다."

나는 아빠의 말을 들으면서 자꾸 목이 메었어. 하지만 아빠에게 뭐라고 말할 수가 없었어. 나도 잘 모르겠는 걸. 내가 지금 어떤 문제를 가지고 있는지, 그 해결 방법이 뭔지. 아빠엄마께 너무나 죄송해서 고개를 들 수가 없었어. 눈물만 뚝뚝 떨어뜨리는데 엄마가 내 등을 토닥토닥 쓰다듬어 주셨어.

2 어른이 된다는 것

"야! 이영아! 너 이번 방학 때 영국 갔다 왔다며? 좋았어? 어땠어? 말 좀 해봐~"

드디어 개학. 반 친구들은 저마다 방학 때 했던 일들을 얘기하느라 정신이 없었어. 지난 번 방학 때까지만 해도 나도 저런 모습이었겠구나 생각하니 피식 웃음이 나더라. 지금은, 그냥 친구들의 모습이 다들 참 어리게 보이는 거야. 왜 그럴까?

"며칠 놀러갔다 온 걸 가지고 뭘 그렇게 호들갑이니? 예린이는 이번 방학 때 캐나다로 단기 연수 갔다 왔대."

다경이가 얄밉게 이야기 했어. 나는 '그래, 너희들 부자고 잘나서 좋겠다.' 하고 한 마디 해줄까 하다가 참았어. 아이들 말싸움 같잖아. 예린이는 매번 방학 때마다 연수를 다녀서 영어도 무척 잘하고 게다가 바이올린도 아주 잘 켜는 친구야. 지난 학기에는 외국에서 열리는 콩쿠르에 참가해서 은상을 타기도 했다니까. 게다가 키도 크고 예뻐서 길을 가다가 고등학생 오빠가 말을 걸어온 적도 있대. 하지만 그렇게 겉모습만 어른스러우면 뭘 하니? 마음이 착하고 어른스러워야지. 얼마나 잘난 척을 하고 도도한지 사실 우리 반 여자아이들 중에는 겉으로는 예린이한테 친절하지만 속으로는 얄미워하는 아이들이 많아. 당연히 남자애들은 예린이 앞에서는 꼼짝도 못하고 말이야. 너희들! 내가 지금 샘내는 거라고 생각하지? 음……그래. 솔직히 말하면 나도 잘 모르겠다. 샘을 내는 걸까? 예린이는 공부도 잘하고 얼굴도 예쁘고 바이올린도 잘 켜고 뭐 하나 부족한 게 없잖아. 그에 비하면 나는 키도 중간 쯤, 생긴 것도 중간쯤, 성적도 그냥 중간쯤. 정말 성격 하나 좋은 거 빼고는 뭐 하나 건질 게 없잖아. 그래도 평소에는 이런게 전혀 신경 쓰이지 않았는데 오늘따라 이상하게 자꾸 예린이랑 비교를 하게 되네. 어쩌면 어제 받은 오빠의 메일 때문인지도 몰라.

 사실 전에 승주오빠한테 메일을 보내면서 우리가 함께 찍은 사진을 몇 장 첨부해서 보내줬거든. 그리고 오빠도 사진 있으면 보내달라고 부탁을 했더니 정말 오빠가 사진 몇 장을 첨부해서 내게 메일을 보내준 거야. 역시 오빠는 친절하다니까. 사진 속에서 밝게 웃고 있는 오빠의 모습을 보니까 내 기분까지도 환해지더라고. 그런데! 그런데 말이야!! 그 사진들 속에 끼어있는 한 장의 충격적인 사진 때문에 나는 그날 밤 한숨도 잠을 이루지 못했어. 그게 무슨 사진이냐고? 사실 별로 특별한 사진은 아니야. 오빠가 친구들이랑 함께 찍은 사진인데, 그 친구들 중에 여자가 있는 거야. 그것도 아주 다정한 포즈로 오빠와 어깨동무를 하고 웃고 있더라고. 나는 그 사진을 보는 순간 가슴이 철렁 내려앉았어. 누구지? 오빠의 여자 친구일까? 아니야. 그냥 친구일 거야. 봐, 다들 아무렇지 않게 어깨동무를 하고 있잖아. 그렇지만 혹시 오빠가 이 여자를 좋아하고 있는 건 아닐까? 아무리 보고 또 뜯어봐도 오빠 옆에서 웃고 있는 그 여자는 너무 자신감 있고 멋있어 보였어. 키도 크고 몸매도 예쁘고 말이야. 누가 봐도 오빠랑 참 잘 어울리는 사람이었다고. 나도 사진 속의 여자처럼 키도 크고 몸매도 멋있고 하면 저렇게 자신 있게 오빠 옆에서 웃을 수 있을 텐데. 정말 그 사진 한 장 때문에 별별 생각이 다 떠오르는 거야. 나는 머릿속으로 사진 속 여자를 지우고 그 자리에 서 있는 내 모습을 상상해 봤지. 그런데 아무리 미화를 시켜보려고 해도 나는 그냥 오빠 옆에 서 있는 동생쯤으로밖에 보이지 않는 거야. 나는 고개를 세차게 휘저었어. 그리고는 예린이 쪽을 한참 바라봤지. 예린이는 뭐가 그리 재밌는지 친구들 몇몇과 이야기를 나누며 웃고 있더라. 혹시 예린이라면 오빠와 어울릴까? 나는 다시 머릿속으로 오빠의 사진을 떠올리고 오빠 옆에 예린이를 세워봤어. 그런데 이게 웬일이야! 두 사람의 모습이 너무도 잘 어울릴 것 같은 거 있지. 이건 정말 너무해. 그동안 친구들과도 사이좋게 지내려고 노력했고 부모님 말씀도 잘 들었고 선생님 말씀처럼 책도 많이 읽었단 말이야. 그런데 왜 나는 예린이 보다 못한 거야. 도대체 뭐가 문제인 거냐고! 나는 내 자신한테 점점 화가 나기 시작했어. 잘하는 것도 없고, 그렇다고 키가 큰 것도 아니고 말이야. 그래. 이렇게 된 이상, 어른이 되기 위한 방법은 단 하나밖에 없어. 나는 주먹을 불끈 쥐었어. 그래! 정말 그 방법만이 나를 살릴 수 있다고.

그 날 저녁, 나는 식사를 준비하는 엄마에게 다가가 조심스럽게 말을 꺼냈어.

"엄마…… 나, 부탁이 하나 있는데."

"부탁? 뭔데? 말해봐."

"정말 꼭 들어줬으면 좋겠는데……."

"뭔데 이렇게 뜸을 들여?"

"나…… 있지…… 요즘 애들 보면 키 크는 약도 먹고 그런다잖아…… 그래서 나도 성장 호르몬 맞고 싶은데…… 안 될까?"

엄마는 그제야 놀란 듯이 나를 돌아보며 말을 이었어.

"뭐? 성장 호르몬? 영아야, 너 어디서 그런 걸 듣고……. 그건 갑자기 왜? 무슨 일 있었어?"

"아니. 그런 건 아니고……."

내가 말꼬리를 흐리자 엄마는 더 이상하다는 듯이 고개를 갸우뚱거렸어.

"글쎄, 영아야. 엄마가 좀 당황스러워서 뭐라고 말하지 못하겠다만 그건 별로 좋은 방법은 아닌 것 같다. 영아가 키가 너무 작거나 해서 고민이라면 또 모르지만, 지금 넌 키가 작은 편도 아니고 또 앞으로 얼마든지 더 클 수 있을 텐데 갑자기 성장 호르몬이라니?

무슨 다른 이유라도 있는 거야?"

내가 딱히 뭐라고 대답하지 못하고 계속 우물쭈물 망설이자 엄마는 딱 부러지게 대답했지.

"지금 한 말, 엄마는 못들은 걸로 하마. 아빠한테 얘기하면 정말 혼쭐 날 소리니까 절대 하지 말고."

"엄마 나는, 빨리 자라고 싶다고요!"

"글쎄 왜 갑자기 빨리 자라고 싶어졌냐니까?"

"어른이 되고 싶으니까!"

나도 모르게 튀어나온 한마디. 이걸 어쩨……? 찌개 간을 보던 엄마가 천천히 고개를 들고 나를 한참 바라봤어. 어쩌면 좋아. 뭐 어쩔 수 없지. 여기까지 온 이상 끝까지 부딪혀 보는 거야.

"어른이 되고 싶다고요. 가능하면 빨리!"

"어른이 되고 싶다고? 갑자기 그게 무슨 말이야? 어른이 왜 되고 싶은 건데?"

"어른이 되어서, 하고 싶은 일이 있으니까요."

"어른이 돼서, 하고 싶은 일이 있다……. 글쎄, 그게 꼭 어른이 되어야만 할 수 있는 일이니? 지금은 할 수 없는 일이야?"

지금? 지금의 내 모습을 봐. 기껏해야 초등학생 꼬마에 불과하잖아. 이런 모습을 가진 나를, 승주오빠가 여자로 봐줄 리가 있겠어? 절대 불가능하지. 그래. 이건 꼭 어른이 되어야만 할 수 있는 일이야. 나는 주먹을 불끈 쥐고 대답했어.

"네! 어른이 되어야만 할 수 있는 거예요."

엄마는 가스레인지의 불을 줄이고 식탁 의자에 앉아서는 내게도 앉으라고 손짓을 했어. 내가 너무 엄청난 말을 해버린 건가? 엄마는 많이 당황하신 것 같았어.

"네가 정말로 원하는 게 몸이 자라는 건지 아니면 어른이 되는 건지 잘 모르겠구나. 만약 영아가 정말로 원하는 게 어른이 되는 거라고 한다면, 그건 성장호르몬과는 전혀 상관이 없단다. 어른이 된다는 건 많은 과정을 필요로 하는 일이거든. 어느 날 갑자기 눈을 떴을 때 어른이 되는 사람은 아무도 없을 거야."

엄마의 말에 나는 다시 혼란스러워졌어. 키가 크는 것과 어른이 되는 게 다른 거야? 아니야, 내 소원은 키도 크고 어른이 되는 거야. 그런데 키는 내 마음대로 할 수 있는 게 아니니까 성장호르몬을 맞아서 크면 되는 거고. 그리고 어른스럽게 행동하고 말하고 생각하는 건 배우면 되는 거 아닐까? 이제 곧 나도 중학생이 될 테니까 말이야. 더 이상 어린 꼬마가 아니라고, 나는! 내가 고집

스럽게 입을 꾹 다물고 있으니까 엄마는 차근차근 다른 이야기를 꺼내셨어.

"영아야. 어제 아빠가 말씀하셨던 질서 얘기를 좀 더 해볼까? 물론 우리가 알고 있는 것처럼 자연의 질서도 있겠지만, 그 외에 우리가 살아가는 사회 내에서도 질서라는 것은 있단다. 너도 '저 사람은 질서를 잘 지키는 사람이야.', '저 사람은 무질서한 사람이야.' 하는 말 들어본 적 있지? 그럴 때의 질서는 당연히 우리의 주변에서 일어나는 것에 대한 질서를 말하는 거지. 그리고 이런 질서들이 모여서 하나의 커다란 사회가 만들어 지는 거고 말이야. 물론 이렇게 한 사회에서 질서를 지키며 살아가는 각각의 사람들은 자신이 그 질서를 이루고 살아가는 것에 대해 잘 알지 못하지. 말하자면 우리 역시도 잘 느끼고 있지는 못하지만 이 사회의 질서를 이루고 있는 존재들인 거야. 우리들 중 누구 하나가 갑자기 그 질서를 깨버린다거나 무시한다면 그 사회는 어떻게 되겠니?"

"전 사회를 어떻게 하겠다는 게 아니에요, 엄마. 그저 빨리 어른이 되고 싶다는 거죠. 그냥 키가 빨리 크고 싶다는 것뿐이라고요."

나는 엄마의 말이 답답하게만 느껴졌어. 내 바람은 정말 소박해. 다만 어른이 되는 것뿐이라고. 그게 그렇게 복잡하고 힘든 일인

키가 자라는 것

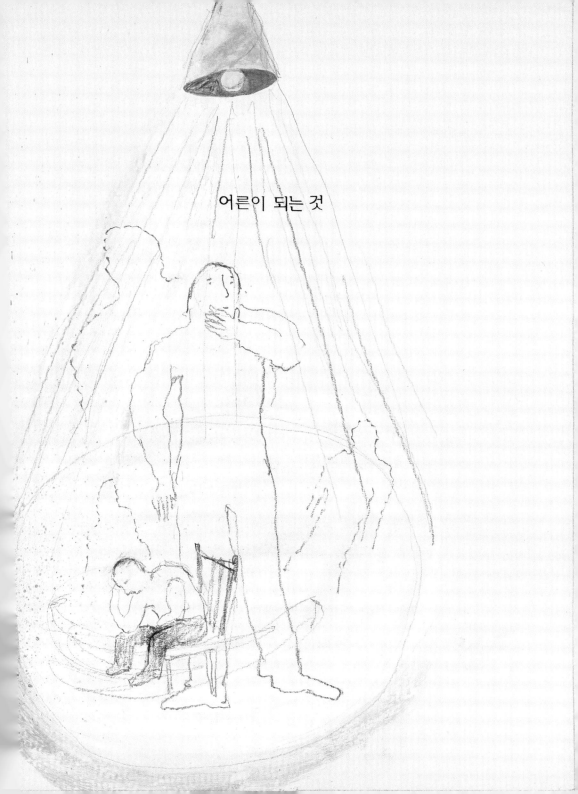

어른이 되는 것

건가?

"빨리 어른이 되고 싶다. 누구나 생각하는 대로 그렇게 되면 좋겠지. 하지만 그건 자연의 법칙을 무시하는 일이고, 절대 불가능한 일이란다. 물론 성장 호르몬을 맞으면 네 말대로 키가 좀 더 자랄 수는 있겠지. 하지만 그건 어른이 되는 것하고는 달라. 어른이 된다는 건, 영아야. 키만 자란다고 해서 되는 게 아니야. 어른이라는 건, 몸과 마음이 함께 성숙해야 되는 거니까 말이다."

그래. 사실 엄마 말이 옳은 것 같기는 해. 키가 크다고 해서 오빠가 나를 여자로 봐줄까? 어쩌면 그냥 키가 큰 여동생으로 여기지 않을까? 어른이 된다는 건 내가 생각하는 것보다 훨씬 힘들고 복잡한 것 같아. 그럼 이제 승주오빠의 여자 친구가 되겠다는 바람은, 이룰 수 없는 걸까?

3 우리는 모두 언젠가는 변하는 걸까?

월요일. 수업이 끝나고 주번이었던 나와 예린이는 단 둘이 교실에 남게 되었어. 평소에 예린이랑 말도 잘 안하고 지냈던 터라 조금 어색하더라고. 게다가 저 새침데기 공주님이 일이나 제대로 하겠어? 나는 칠판을 지우고 지우개를 털고 하면서 바쁘게 움직였어. 예린이도 책상을 가지런히 하고 교탁을 닦고 하면서 별 말이 없더라. 도도한 척 하기는. 나는 속으로 투덜거리면서 대충대충 일을 끝내려고 했는데, 예린이는 의외로 꼼꼼하게 일을 하는 것 같았어.

"영아야! 쓰레기 버리러 같이 가자. 이거 혼자 들기에는 좀 무거운데."

말없이 함께 쓰레기통을 들고 소각장으로 향하다가 나는 정말 아무렇지도 않게 지나가는 말처럼 들리기를 바라면서 슬쩍 말을 건넸어.

"넌 키도 크고 어른스러워서 좋겠다."

"너도 귀엽고 예쁘잖아. 난 그게 부럽던데?"

난 뜬금없는 예린이의 말에 화들짝 놀라고 말았어. 혹시 나를 놀리는 건가? 이렇게 세상 부러울 것 없이 완벽한 애가 지금 나 보고 부럽다고 말을 한 거야? 말도 안 돼.

"놀리지 마. 나는 진심으로 말한 거란 말이야. 너처럼 키도 크고 인기도 많은 애가 뭐가 모자라서 날 부러워하니?"

"나도 진짜로 말한 건데. 난 어른스럽다는 말보다 귀엽다는 말이 더 좋아. 그런 말을 한 번도 들어본 적이 없거든."

나는 새삼스럽게 예린이를 바라봤어. 예린이는 정말 진심을 말하고 있는 것 같더라고. 어쩐지 내가 생각했던 것보다 훨씬 착하고 멋진 아이 같았어. 그 애가 나를 칭찬해줘서 그런 것만은 아니

야. 다만 나는 그냥 예린이가 잘난 척도 많이 하고 도도할 거라고
생각했었는데 오늘 보니까 털털하고 편한 아이 같다는 생각이 들
더라고. 아무렇지도 않게 휴지통을 들고 쏟아 버리는 모습도 그렇
고, 걸레를 빨아서 교탁과 책상을 꼼꼼하게 닦는 모습도 그렇고.
게다가 말하는 것도 차분하고 솔직하고 말이야. 난 왠지 예린이랑
더 많은 이야기를 하고 싶어졌어.

"넌 이다음에 커서 뭐가 되고 싶어? 바이올리니스트?"

"응. 물론 내가 훨씬 더 노력해야겠지만……."

"넌 지금도 바이올린 잘 켜잖아. 다들 네가 바이올린 신동이라고
그러는데 뭘. 당연히 될 수 있겠지."

난 벌써부터 미래에 대한 꿈이 확실한 예린이가 정말 부러웠어.

"당연히 될 수 있는 건 아니야. 얼마나 더 노력하고 연습하느냐
에 달린 거겠지."

"넌 참 욕심도 많다. 그 정도 하면 잘하는 거지 뭘 그렇게 더 잘
하려고 그래? 그렇게 살면 피곤하지 않아?"

나도 모르게 퉁명스럽게 말이 튀어나갔어. 하지만 사실 말하는
게 그렇잖아. 잘하는 애가 더 잘하려고 노력하는 게.

"하지만 아직 끝도 아니잖아."

"뭐? 그게 무슨 소리야?"

"그냥 지금의 나는 노력하는 과정이라는 뜻이야. 정말 멋진 바이올리니스트가 되기 위해서. 사실 나 정도의 실력을 갖춘 아이들은 아주 많거든. 너희들이 보기에는 잘하는 것처럼 보일지 몰라도 더 큰 무대에 서거나 하면 내가 어느 정도의 실력인지 정확히 깨닫게 돼. 지금은 내가 일등이라고 해도 언젠가는 꼴찌가 될지도 몰라. 나도 그런 생각을 하면 좀 무섭긴 한데…… 모든 건 다 변하는 것 같아. 나도 끊임없이 노력하지 않으면 언젠가는 나보다 더 바이올린을 잘 켜는 누군가에 의해 밀려날 수도 있어. 계속 노력하지 않으면 언젠가는 모든 게 다 바뀌어버릴 거라고."

나는 왠지 그렇게 말하는 예린이가 좀 힘들어 보였어. 뭐라고 위로해주고 싶었는데 말이 쉽게 나오질 않더라. 저렇게 완벽하게 보이는 아이한테도 뭔가 힘든 일이 있구나 생각하니까 어쩐지 내가 위로받는 느낌이었거든. 마치 친구의 아픔을 기뻐하는 것 같아서 내가 참 나쁘게 느껴지더라. 하지만 예린이는 곧 아무렇지도 않다는 듯이 나를 보고 활짝 웃으면서 말했지.

"그래도 괜찮아. 내가 하고 싶은 일이니까. 난 누구보다 열심히 할 거고 그 결과에 만족할거야. 세상 모든 것들이 변하지 않고 그대로 있으면 얼마나 지루하고 재미없겠어? 뭔가 빠르게 변화하고 달라져야 긴장감도 생기고 그러지 않을까?"

나도 그런 예린이를 보고 활짝 웃어줬어. 내가 예린이를 참 어른스럽구나하고 느끼게 된 건 어쩌면 예린이가 단순히 키가 크기 때문만은 아닌 것 같아. 생각하는 것도 말하는 것도 참 어른스럽고 멋져 보이잖아. 나도 저렇게 멋지게 생각하고 말할 수 있는 어른이 되었으면 좋겠다.

"실은 영아야, 이건 비밀인데. 나 말이야, 이 키가 거의 다 큰 키래. 중학생이 되고 고등학생이 되면, 어쩌면 네가 나보다 더 클 수도 있을 걸."

"뭐? 정말??"

나는 깜짝 놀라서 소리쳤다가 나도 모르게 내 입을 막았어. 너무 좋아하는 것 같잖아.

"그래. 그러니까 너도 날 그렇게 부러워하지 않아도 돼. 혹시 알아? 나중에 네가 슈퍼모델처럼 키가 크게 될지?"

예린이가 그렇게 말해주니까 나도 모르게 그동안 송곳처럼 삐죽삐죽하던 마음들이 눈 녹듯이 풀어졌어. 왠지 예린이라면 나를 이해해줄 것 같았어. 엄마한테도 아빠한테도 말하지 않았던 비밀을

노력하는 과정

다 털어놓고 싶은 기분이 드는 거야. 그래서 나는 용기를 내어 예린이에게 이렇게 말했지.

"예린아! 우리 집에 가다가 떡볶이 사먹을래?"

그런데 말해놓고 나니 또 후회가 됐어. 떡볶이라니. 예린이가 그런 걸 좋아할까? 뭔가 좀 더 비싼 걸 먹자고 말했어야 하나? 나는 왜 이렇게 생각하는 게 어린애 같은 걸까? 그냥 얘기 좀 하자고 말하면 될 걸, 떡볶이가 뭐냐구. 그렇게 거듭 후회를 하고 있는데 예린이가 선뜻 기분 좋게 대답했어.

"그래! 나 떡볶이 맛있게 하는데 알아. 근데 큰 길까지 좀 걸어가야 하는데 괜찮아?"

"당연하지!"

우리는 마주보고 사이좋게 웃었어. 왠지 예린이랑 친해질 것만 같은 기분이 들어서 간만에 기분이 좋아졌어.

"그렇구나, 그래서 네가 자꾸 키가 크고 싶다고 한 거였구나."

떡볶이를 앞에 두고 마주 앉은 예린이가 내 이야기를 듣고 고개를 끄덕거렸어. 나는 영국에서 승주오빠를 만난 일, 승주오빠를 보고 좋아하게 된 일이랑 얼마 전 승주오빠에게서 받은 사진 얘기까지 숨도 쉬지 않고 다 말해버렸어. 그렇게 털어놓고 나니까 마음은 한결 가벼워지더라. 하지만 또 한편으로는 괜히 말했나 싶은 후회도 살짝 밀려오기도 했어. 이런저런 복잡한 생각들로 가득해 있는 내게 예린이가 말했어.

"나도 비슷한 경험이 있는데."

"뭐? 너도? 무슨 일이었는데?"

"실은, 나도 바이올린을 이렇게 열심히 하게 된 거, 다 어떤 오빠 때문이었어. 처음에는 그냥 엄마가 학원을 보내줘서 배우게 된 건데 작년부터 개인 레슨을 받기 시작했거든. 그러다가 그 선생님이 나를 데리고 어떤 음악회 공연을 보러 간 적이 있었는데, 거기서 바이올린을 연주하는 정말 멋진 오빠를 본거야. 나중에 알고 보니까 선생님의 조카라고 하더라고. 그래서 공연을 보러갔던 거고. 그 때 그 오빠는 고등학생이었는데 곧 유학을 떠난다고 했어."

"그래서? 그래서? 더 못 본거야?"

나는 나도 모르게 안타까운 마음에 예린이에게 소리쳤어.

"아니, 실은 오빠가 유학 가기 전에 선생님이랑 몇 번 더 만났었어. 왜, 내가 고등학생 오빠랑 같이 다닌다고 아이들한테 소문이 난 적 있었잖아. 바로 그 오빠였어."

아! 그랬구나. 우리는 그것도 모르고 고등학생 오빠들이 예린이한테 말 걸고 그런다고 뒤에서 얼마나 숙덕거렸는지 몰라. 예린이는 그 오빠를 만난 후에, 꼭 그 오빠처럼 멋진 바이올리니스트가 되고 싶었대. 그리고 언젠가는 더 멋진 모습으로 오빠 앞에 서고 싶었다는 거야. 그래서 그 후로 더욱 바이올린을 열심히 켜기 시작했고.

"그럼, 네 목표는 결국 그 오빠에게 어울리는 사람이 되는 거겠네?"

"아니, 시작은 그랬는데 지금은 꼭 그렇지만도 않아."

"무슨 소리야? 네가 바이올린을 이렇게 열심히 연습하는 것도 결국은 그 오빠를 다시 만나고 싶어서 그런 거 아니야?"

"그러면 좋겠지. 바이올린도 열심히 하고 오빠도 만나고. 하지만 지금 나는 오빠를 만나는 것과 상관없이 꼭 훌륭한 바이올리니스트가 되고 싶어. 열심히 바이올린을 연습하다 보니까 나도 모르게 스스로 욕심이 생기더라. 정말 최고가 되고 싶다는 생각이 들어."

"마음이……달라졌다는 거니? 모든 게 다 변하는 것처럼?"

"아니! 그 오빠를 좋아하는 마음은 그대로야. 하지만 내 꿈은 이제 오빠를 좋아하는 마음과 상관없이 또 다른 목표가 되어버린 거지."

나는 예린이의 알쏭달쏭한 말을 이해할 수 있을 것도 같았고 한 편으로는 이해하지 못할 것도 같았어. 정말 예린이 말처럼 세상 모든 것들은 다 변하는 걸까? 사람의 마음도 그렇게 변하는 걸까? 그렇다면, 내가 오빠를 좋아하는 마음도 언젠가는 변하게 될까? 나는 왠지 기분이 조금 우울해져 버렸어. 그런 내 마음을 읽었는지 예린이는 밝게 웃으면서 내 어깨를 두드려줬어.

"변한다는 게 꼭 나쁜 것만은 아니야. 너도 지금 이 상태로 그대로 머문다면 싫을걸? 키도 더 커야하고 또 어른도 돼야 하잖아. 정말 멋진 어른이 되기 위해서 지금부터 끊임없이 노력하는 거야. 우린 아직 어른이 되지 않았으니까 우리가 노력하면 얼마든지 바뀔 수 있잖아. 그게 더 좋지 않니? 그렇게 하나씩 경험하면서 변화하는 거야. 이렇게 변해가면서 우리가 어른이 되기 위해 필요한 것들을 하나씩 얻어간다고 생각해. 아직 우리는 부족한게 많잖아. 그러니까 그 부족한 점을 목표를 향해 가면서 얻고, 다른 목표를 향해 가면서 또 얻는 거야. 그게 우리가 어른이 되는 과정이라고 생각해."

나도 예린이를 보고 웃어줬어. 역시 마음까지도 참 어른스럽고 멋진 친구야. 나는 그 동안 어른이 되고 싶다고 말은 하면서도 전

목적을 위한 보완 시기

혀 이런 모습을 보여주지 못했는데. 그저 부모님한테 투정만 부리고 이유 없이 짜증만 내고 그랬는데 말이야. 나도 예린이처럼 저렇게 스스로 알아서 하는 멋진 아이가 될 수 있을까? 예린이와 헤어져 집으로 돌아오는 길이 아주 뿌듯했어. 좋은 친구를 얻었다는 생각과 함께, 나도 멋진 사람이 될 수 있을 것 같다는 자신감까지. 역시 고민을 털어놓길 잘한 것 같아.

과정철학이란 무엇인가?

화이트헤드의 철학을 과정철학이라고 했죠? 그럼 과정철학이란 무엇일까요? 과정철학을 한 마디로 설명하긴 어렵지만, 과정철학을 위해서 가장 중요한 것을 화이트헤드는 질서라고 했답니다.

이 세상에는 많은 물건들이 있습니다. 그런데 이 세상에 있는 어떤 물건도 함부로 있는 것이 아니라, 꼭 있어야 할 곳과 꼭 필요한 시간 속에 있답니다. 화이트헤드는 이것을 조금 어려운 말로 '이 세계가 허락하는 범위 안에서 물건이 존재한다.'고 했습니다. 그리고 이렇게 현재 우리가 살고 있는 세계가 허락한 범위 안에서 물건이 존재하는 것을 질서라고 했습니다.

하지만 이 세상에 있는 모든 물건들이 질서를 갖고 있는 것은 아닙니다. 어떤 것은 무질서하게 나타나고, 또 어떤 것은 질서 있게 나타납니다. 화이트헤드는 무질서한 것이라도 사람이 어떤 의미를 주면 질서가 잡힌다고 했습니다. 그렇기 때문에 질서란 우리가 알고 있는 것보다 더 복잡합니다.

예를 들어서, 우리가 자연의 질서에 대해서 얘기한다고 가정해 봅시다. 하지만 우리는 자연 전체를 볼 수가 없기 때문에 이때 질서라는 말은 우리가 보거나 관찰한 것만을 얘기하는 지극히 한정된 자연을

지배하고 있는 자연의 질서를 말합니다.

　그 외에도 우리는 '저 사람은 질서를 지키고 사는 사람이다.' 라는 말을 합니다. 혹은 '저 사람은 무질서하게 산다.' 는 말도 하죠. 우리가 질서 혹은 무질서라는 말을 할 때, 질서의 의미는 당연히 우리 주변에서 일어나는 일에 대한 질서입니다.

　사람들은 스스로 보거나 관찰해 본 결과 질서가 있다거나 혹은 무질서하다고 말합니다. 화이트헤드는 이렇게 우리가 본 것이나 관찰한 것을 현실적 존재라고 합니다. 현실적 존재란 지금 현재 나타나 눈에 보이거나 관찰할 수 있는 것이란 뜻입니다. 이렇게 현실적 존재들이 모여 하나의 사회를 만드는 것이죠.

　이렇게 현실적 존재들은 서로서로 관계를 맺으며 한 가정, 한 사회 혹은 한 나라의 질서를 이루고 있습니다. 뿐만 아니라 이 현실적 존재는 계속적으로 새로운 질서를 만들어 냅니다.

　여러분, 간단한 예를 들어 볼까요? 여러분들은 언제부터 우리나라 말을 배웠습니까? 여러분들이 한글을 배우기 시작하면서 많은 책을 읽었죠? 그리고 앞으로도 많은 책을 읽을 것입니다. 여러분이 한글을 읽을 수 있는 것은 한글을 읽는 것으로 끝나지 않습니다. 언어습득을 바탕으로 여러분은 한글과 관계된 많은 일을 할 수가 있습니다.

　이렇게 사람의 지식은 쌓여갑니다. 이렇게 쌓인 지식은 여러분뿐 아니라 사회에도 많은 공헌을 하겠죠? 즉, 여러분의 한글을 깨침이라는 현실적 존재는 새로운 지식을 얻음이라는 계속적이고 새로운 또다른 현실적 존재를 만들어 냅니다. 그렇기 때문에 혼자 동떨어져 있는 현실적 존재는 없답니다.

고대그리스의 유명한 철학자 헤라클레이토스는 '모든 사물은 흐른다.'고 했답니다. 이것을 화이트헤드는 '모든 물건은 변한다.'와 같은 뜻으로 보았습니다. 정말 모든 사물은 변할까요? 여러분이 매일 보는 학교의 모습이나 앞산의 모습은 어떻습니까? 변합니까? 아니면 변하지 않습니까? 지구, 달, 해, 혹은 경복궁과 같은 것은 어떻습니까?

이렇게 변하지 않는 것처럼 보이는 것도 우리가 모를 뿐이지 조금씩은 변하고 있답니다. 경복궁도 바람과 비에 의해서 파괴되잖아요? 그렇죠? 산, 경복궁, 혹은 학교와 같은 것도 변하고 있습니다. 단지 그 변하는 속도가 다른 것이지 전혀 변하지 않는 것은 아닙니다.

그럼 우주의 질서나 세계의 질서 같은 것은 어떻습니까? 이런 것은 변할까요? 변하지 않을까요? 그런데 우주의 질서나 세계의 질서와 같은 것이 있는지 없는지 우리는 모른답니다. 그래서 화이트헤드는 헤라클레이토스가 말한 '모든 것은 변한다.'는 것의 의미는 우리가 보고 느끼는 것, 즉 '우리가 경험하는 것은 모두 변한다.'라고 생각했답니다.

이때 한 가지 또 다른 의문을 화이트헤드는 생각했습니다. 이 세상에 있는 모든 것이 계속 변한다면, 완전하게 만들어진 것은 아무것도 없다는 뜻일까요? 그렇습니다. 화이트헤드는 모든 것이 계속 변하고 있기 때문에, 완전한 것은 아무것도 없다고 생각했습니다. 즉, 이 세상에서 우리가 경험할 수 있는 모든 것은 끊임없이 새로 생겨나고 또 사라집니다.

화이트헤드는 이렇게 모든 현실적 존재는 변하는 과정 속에 있다고 보았습니다. 그래서 우리는 화이트헤드의 철학적 생각을 과정철학이라고 한답니다.

모든 일에는 과정이 필요해.

1. 꿈을 이루기 위해 필요한 것들
2. 어른이 되는 과정
3. 언제나 새로운 시작

 서양 철학자들 중에서 우리 동양 사상과 가장 많은 유사성을 가진
철학자가 화이트헤드가 아닌가 한다. 그는 물리학자와 수학자로 더 널리
알려져 있기도 하다. 화이트헤드의 철학은 다른 철학들과는 달리 현대
물리학에 기반을 두고 있는 것이 그 철학적 특징이라 할 수 있다.
　　　　　—김상일, 《화이트헤드와 동양철학》 지은이의 말 중에서

1 꿈을 이루기 위해 필요한 것들

"그래? 그 친구 정말 어른스럽구나. 오늘 영아가 아주 현명한 친구를 한 명 사귄 것 같은데?"

저녁식사 시간에 나는 오늘 예린이와 나눈 얘기를 부모님께 해 드렸어. 그동안 부모님께 짜증만 부렸던 것도 죄송하다고 말씀드리고 말이야. 이제는 쓸데없이 투정부리지 말아야지. 나도 이제 내 일은 스스로 알아서 처리할 수 있을 정도로 컸다는 걸 부모님께 보여드리고 싶거든. 그런데 그 때, 엄마가 웃으면서 이렇게 말씀하시는 거야.

"그런데 영아가 하고 싶은 얘기가 그게 다니? 그 친구가 꿈을 이루기 위해 열심히 노력하고 있다는 거? 뭔가 더 하고 싶은 말이 있는 것 같은데……?"

날카로운 엄마의 지적. 혹시 엄마는 뭔가 짐작하고 계신 걸까? 승주오빠에 대한 이야기는 하지 않았는데. 들켜버린 건가? 어쩌면 좋지? 가슴이 콩닥콩닥 뛰면서 얼굴이 새빨갛게 물들기 시작했어. 이러면 더 들킬 텐데. 최대한 아무렇지도 않은 척, '네? 무슨 할 얘기요?' 하고 대답했지만 엄마는 뭔가 알고 있다는 듯 자꾸만 웃음을 지으시는 거야. 그러더니 아빠를 바라보고 이렇게 물으셨어.

"승주학생이 이번 겨울에 돌아온다면서요?"

"아, 어제 메일로 연락이 왔더군. 겨울이면 돌아올 것 같다고 말이야. 그리고 영아야, 네 소식도 묻던데? 한동안 계속 메일을 보내오더니 요즘은 연락이 뚝 끊겼다고 말이야. 어디 아프냐고 걱정하더라. 왜, 승주오빠한테 서운한 일이라도 있었니?"

승주오빠가 내 걱정을 했다고? 오빠소식을 들으니 나도 모르게 가슴이 뛰고 눈앞이 먹먹해졌어. 그래서 나는 숟가락을 조용히 내려놓고 '잘 먹었습니다.' 인사를 한 다음 빠르게 내 방으로 들어와 버렸어. 등 뒤에서 나를 바라보는 부모님의 눈길이 느껴졌지만 애써 모른척했지. 엄마도 다 알고 계신 걸까? 방으로 들어온 나는 한동안 컴퓨터 앞에 멍하니 앉아 그동안 오빠한테 보냈던 메일과 받았던 메일들을 읽어봤어. 그래, 사실은 문제의 그 사진을 받은 이후로 나는 메일을 쓰지 않았거든. 오빠한테 몇 번 메일이 더 오긴 했는데 답장을 써주지도 않았어. 오늘 예린이와 함께 이야기를 하면서 많이 괜찮아졌다고 생각했는데, 결국 문제는 단 하나도 해결이 되지 않은 거잖아. 나는 여전히 오빠를 좋아하지만 아무 것도 할 수 있는 일은 없고. 게다가 어른이라는 건 노력을 한다고 해서 되는 것도 아니고 시간이 흘러야 가능한 일일 텐데 그 동안 오빠가 나를 기다려줄 리도 없고 말이야. 이런저런 생각을 하니 다시 머릿속이 복잡해지기 시작했어. 괜히 사진 속에서 환하게 웃고 있는 오빠도 미워지고, 그 옆에 있는 오빠의 친구들도 다 미워졌어. 그 때 문 밖에서 똑똑 하는 노크소리가 들렸어.

"영아야. 엄마 들어가도 되니?"

"네…… 들어오세요. 갑자기 엄마가 노크하고 들어오니까 어색하잖아요."

"우리 영아도 이제 다 큰 숙녀니까 당연히 예의를 지켜야지. 안 그래?"

엄마는 웃으면서 다가와 과일접시를 내 앞에 내려놓았어.

"영아야. 요즘 무슨 고민 있는 것 같은데 엄마한테 털어놓으면 안 될까?"

"아무 것도 아니에요."

"혹시 승주오빠 때문에 그러니? 영아야, 엄마한테 솔직히 말해도 돼. 엄마는 영아가 승주를 좋아한다는 걸 전혀 나쁘게 생각하지 않아. 그건 누구에게나 있을 수 있는 좋은 감정이거든. 자꾸 영아가 그걸 숨기려고 하니까 더 힘들어지는 거야. 그런데 뭐, 오빠가 영아에게 서운하게 한 일이라도 있는 거야?"

나는 천천히 고개를 저었어.

"그런 건 아니지만 오빠는 어른이고 나는 아직 어리잖아요."

"그래서 영아가 자꾸 어른이 되고 싶다고 말한 거였구나. 하지만 영아야, 엄마 생각엔 말이야. 영아가 자신이 없는 건 어쩌면 어른이 아니기 때문이 아니라, 지금의 너 자신을 스스로 사랑하지 않기 때문이 아닐까? 자신을 있는 그대로 받아들이지 않을 정도로 자신이 없는 사람을 그 누가 좋아할 수 있겠니? 지금 영아에게 가장 중요한 건 말이야, 영아 자신을 있는 그대로 받아들이고 거기서부터 뭔가 할 수 있는 일을 찾아내서 노력하는 게 아닐까 싶어. 불가능한 일을 상상하는 게 아니고 말이야."

나는 아무 말도 할 수가 없었어. 엄마 말이 맞았어. 난 내 모습 그대로를 인정하지도 않고 무조건 말도 안 되는 생각으로 현실에서 자꾸 도망치려고만 했었으니까.

"오늘 영아가 사귀었다는 예린이라는 친구 말이야. 그 친구도 자신의 모습을 그대로 인정하고 받아들이면서 거기서부터 시작하지 않았니? 그게 바로 목표를 이루는 가장 첫 번째 자세가 아닐까 싶어. 뭐, 엄마가 생각해낸 건 아니고 화이트헤드라는 철학자의 말이긴 하지만 말이야."

"화이트헤드요? 영국에서 오빠랑 아빠가 얘기했던 그 철학자인지 수학자인지 하는 그 사람이, 이런 얘기를 했어요?"

오빠가 관심이 있다고 해서 그런지, 엄마에게서 그 이름을 듣자마자 나는 또 귀가 쫑긋해지고 말았어. 화이트헤드도 나 같은 일을 겪었던 걸까?

"그래. 사람들은 살아가면서 누구나 목표라는 걸 갖는단다. 그건 이 세상에 있는 모든 존재들 다 마찬가지야. 누구에게는 그리고

내 모습 그대로····

그 무엇에게는 목적이라는 게 있어. 이를테면 영아의 친구는 바이올리니스트가 되는 게 목적인 거고, 영아도 역시 뭔가 이루고 싶은 게 있으리라고 엄마는 생각해."

그래. 생각해 보니 나도 되고 싶은 게 참 많았어. 일단 멋진 중학생이 되고 싶었고, 나중에 커서는 아나운서가 되는 게 꿈이었다고. 그렇지만 지금은, 잘 모르겠어. 지금은 그냥 승주오빠를 보고 싶다는 생각뿐이야. 그런 내 생각을 읽기라도 한 듯이 엄마가 말했어.

"어쨌든 지금 영아의 목적은 승주오빠도 영아를 좋아해줬으면 좋겠다는 거겠지만 말이야."

엄마의 말에 나는 목까지 빨갛게 달아올랐어.

"그렇게 사람들은 하나의 이상을 가지고 그 목적을 이루기 위해서 자신에게 모자라는 것들을 보완하며 앞으로 나아가는 거지. 영아가 이 세상에 존재하는 한 무언가를 추구하는 건 나쁜 게 아니야. 말하자면 지금의 너는 하나의 큰 목적을 위해 필요한 것들을 차근차근 갖추어나가는 시기라고 할 수 있겠지. 보완을 해나가는 시기라고나 할까?"

"그것도 화이트헤드의 말인가요?"

"그래. 영아가 화이트헤드에 대해 꽤 관심이 많은가 보구나."

"아뇨……뭐 그런 건 아니지만……. 그러니까 엄마는 지금 제가 뭔가 준비를 해 나가야 하는 시기라고 말씀하시는 거죠?"

"그래. 그런데 중요한 건, 영아가 이루고자하는 목표를 향해 끊임없이 노력하는 그 과정도 나름대로 하나의 질서 속에서 이루어진다는 거지. 예를 들어서 어른이 되고 싶다는 것 역시 마찬가지야. 만약 정말 영아가 어른이 되고 싶다고 간절히 바라서 어느 날 갑자기 눈을 떴더니 어른이 되어있다면 그런 건 분명히 일반적인 자연의 질서에서 벗어나는 거잖아. 이를테면 우리가 살고 있는 세계의 질서가 깨지는 거지. 엄마아빠는 물론 영아의 친구들도 너무나 놀라고 당황해할 거야. 영아 너 스스로도 그럴 거고 말이야. 안 그래?"

"그래요. 그 때는 제가 좀 생각이 짧았던 것 같아요. 저도 오늘 예린이랑 얘기하면서 많이 배웠어요. 어른이 되기 위해서는 몸도 마음도 어른스러워야한다는 것을요."

2 어른이 되는 과정

"그래. 영아가 점점 더 많은 걸 깨달아가는 것 같아서 엄마가 기분이 좋다. 결론적으로 엄마가 하고 싶은 말은 바로 이거야. 우리 모두는 우리가 살고 있는 세계의 질서를 유지시키면서도 그 사이에서 균형을 잘 맞춰가면서 우리의 목적을 이뤄야한다는 거. 서로 모자란 것을 보충하고 넘치는 것을 잘라내면서 말이야. 그게 바로 하나의 과정이겠지. 어른이 되는 과정일 수도 있고, 훌륭한 바이올리니스트가 되는 과정일 수도 있고 말이야."

"엄마, 그럼 그 과정의 끝에는 뭔가 좋은 일이 있을까요?"

"어려운 질문이구나. 만약 우리가 살아가는 이 과정의 마지막에 만족이라는 것이 온다면 정말 좋겠지. 하지만 이루어지지 않는 만족도 있단다. 쉬운 예를 하나 들어볼까? 예를 들어 달걀의 가장 큰 목적은 뭐겠니?"

"글쎄요. 아무래도 병아리로 태어나는 거 아닐까요?"

"그래. 새로운 병아리로 태어나는 거겠지. 하지만 모든 달걀이 다 새로운 병아리가 되는 것은 아니야. 어떤 것들은 삶은 달걀이나 계란말이가 되어 사람들에게 먹히기도 하고, 또 어떤 것들은 병아리가 되기도 전에 깨어지기도 하지."

"그러네요. 그럼 그 달걀들은 다 목적을 이루지 못한 거잖아요. 그렇게 끝나버리면 너무 허무할 것 같아요."

"그렇지. 그러니까 이렇게 생각해 보자. 우선 달걀은 병아리로 태어날 수 있는 능력을 갖고 있어. 그걸 일종의 가능성이라고 하지. 영아가 승주의 여자 친구가 될 수 있는 것도 마찬가지로 가능성일 테고, 예린이가 훌륭한 바이올리니스트가 될 수 있는 것도 하나의 가능성이지?"

"네. 하지만 그런 가능성만으로 목적을 이룰 수 있는 건 아니라고 하셨잖아요."

"물론 가능성이 모두 현실로 나타나는 것은 아니야. 하지만 달걀이 가지고 있는 원래 목적을 이루었을 때는 실질적으로 꿈이 이루어진 거니까 현실성이 생겼닥다고 할 수 있겠지. 가능성과 현실성이라는 말이 이해가 되니?"

"조금은요. 그럼 가능성이라는 건 아직 목적을 이루지 못한 상태를 말하는 거고 현실성이라는 건 목적을 이룬 상태를 말하는 거니까 만족의 단계에 이른 거네요? 그게 엄마가 말하는 만족이라는 거예요? 노력하는 과정을 거쳐서 목적을 이루면 누구나 만족할 수 있는 거예요?"

"영아의 말처럼 만족의 단계는 그렇게 쉬운 일이 아니야. 좀 어려울 수도 있겠지만, 화이트헤드는 현실적 존재를 초월해야 만족이 이루어진다고 했거든."

"네? 현실적 존재를 초월해야 한다고요? 그건 또 무슨 말이에요?"

"우리는 누구나 우리가 사는 세계의 질서 속에서 살아가는 존재들이라고 했었지? 하지만 우리의 목적이나 이상을 이루기 위해서 세계의 질서에 대응해야할 때도 있다고 한 것도 기억나니? 서로가 보완을 해야 한다고 했었잖아. 이를테면 한 개인이 가지고 있는 질서와 세계의 질서가 서로 부딪힐 때가 있다는 거지."

"그럼 개인이 자신의 목적을 이루기 위해 세계의 질서를 깰 수도 있다는 말씀이세요?"

"만약 우리들 개개인이 세계의 질서에 만족하지 못한다면 말이다. 그리고 우리의 이상을 위해서 꼭 그것을 넘어서야 한다면, 세계의 질서를 깰 수도 있겠지. 어려운 일이겠지만 어쨌든 우리는 선택을 해야 할 거야. 자신의 이상을 포기할 것인가, 아니면 세계의 질서를 깨뜨릴 것인가를 말이야. 다른 말로는 초월이라고 하는데, 하나의 세계를 넘어선다는 뜻이란다."

"어려워요. 초월이라니…… 그럼 진정한 만족을 위해서는 우리가 알고 있는 세계의 질서를 뛰어넘어야한다는 말씀이잖아요. 그건 너무 어렵지 않을까요?"

"그래. 아무래도 조금은 어려울 거야. 다만 중요한 건 말이다, 우리 모두는 세계질서에 만족하든 만족하지 못하든 각자 자신만의 목적을 가질 수 있단다. 그리고 세계질서와 상관없이 그 목적을 향해 가는 과정 속에서 자신만의 만족을 찾아갈 수 있다는 거지. 엄마가 말하는 만족이라는 말의 의미를 알겠니? 결론에 이르든 그렇지 못하든 우리는 과정 속에서 계속해서 우리만의 만족을 찾아가면 되는 거야. 예린이라는 친구가 훌륭한 바이올리니스트가 되겠다는 목적을 위해 열심히 노력하는 그 과정에서 행복을 찾아가듯이 말이다. 엄마는 영아도 그럴 수 있으리라고 믿어. 영아가 바라는 일을 하나하나 이뤄나가는 과정 속에서 매 순간마다 만족하고 기쁨을 느낄 수 있기를 바란다."

나는 어렴풋이 엄마가 말하려는 걸 이해할 수 있을 것 같았어. 엄마는 어느새 하나밖에 남지 않은 과일 조각을 입에 넣고 일어서면서 내게 말했어.

"와, 엄마가 간만에 말을 많이 하니까 되게 배고프다. 엄마는 이제 나가서 뭣 좀 먹어야겠는데, 넌 안 먹을래?"

그러고 보니 뱃속에서도 꼬르륵 소리가 나는 게, 아까 저녁도 제대로 못 먹어서 좀 출출하긴 하더라고. 나는 아주 오랜만에 엄마 등에 착 달라붙어서 방 밖으로 나갔어. 거실에서 TV를 보고 계시던 아빠도 그런 우리 두 사람의 모습을 보고 환하게 웃어주셨어.

가능성
현실성

현실성의 초월

3 언제나 새로운 시작

와! 시간 참 빠르지? 어느새 겨울 방학이야. 하지만 나는 매일매일 학교와 학원에 나가 중학교 공부를 하느라 바쁘단다. 중학생이 되면 읽어야 할 책들도 많고 학교에서 배우는 과목도 엄청나게 늘어나거든. 공부하는 게 힘들지 않느냐고? 어렵긴 하지만 언젠가 멋진 어른이 되어있을 나를 상상하면 그다지 힘들거나 하지는 않아. 어제는 교복도 사러 갔었어. 이제 정말 교복을 입는 중학생이 된다고 생각하니 기분이 묘하더라. 뭔가 더 책임감도 있어지는 것 같고. 엄마는 내 키가 더 자랄 거라고 교복을 조금 넉넉한 치수로 사자고 하셨어. 평소 같았으면 발칵 화를 냈겠지만 이번엔 나도 아무 말 하지 않았어. 엄마 말처럼 나는 지금 계속해서 자라고 있는 중이잖아. 키도 더 클 거고 말이야. 실은 나도 모르는 새에 언제 그렇게 키가 컸는지 어느새 예린이와 엇비슷해져 있는 거야. 어쩌면 중학생이 된 후에는 예린이보다 더 자랄지도 몰라. 음……너무 못된 생각인가?

아참! 나랑 예린이는 운 좋게도 같은 중학교를 다니게 되었어. 우리는 같이 떡볶이를 먹은 그날 이후로 베스트프렌드가 되었거든. 가끔은 너무 어른스러운 말을 해서 조금 얄미울 때도 있지만 그럴 때마다 이 마음 넓은 영아가 꾹 참아주고 있지. 정말이라니까, 얘들아! 나 이제 꽤 많이 어른스러워졌어. 흠흠! 실은 우리 둘이 서로를 부르는 별명이 있는데 나는 예린이를 새침데기라고 부르고 예린이는 나를 응석쟁이라고 불러. 나도 모르게 어린 아이처럼 떼를 쓰거나 하면 예린이가 한마디씩 하지. '또또! 어린애 같이 군다!' 이렇게 말이야. 그러면 정신이 확 든다니까. 예전처럼 쉽게 토라지거나 하지도 않고. 예린이처럼 멋진 친구를 만날 수 있어서 얼마나 다행인지 몰라. 나도 이제 곧 예린이의 바이올린처

순환 과 과정

럼 나만의 무언가를 찾을 수 있었으면 좋겠다. 내가 꼭 이루고 싶은 그 무언가를 말이야. 뭐? 내 꿈이 승주오빠의 여자친구가 되는 거 아니었느냐고? 너희들 참 기억력 좋다. 그게 벌써 몇 달 전 일인데 그래. 사랑은 말이야, 변하는 거라고.

하하. 농담이고. 사실 너희들도 속으로는 궁금해 하고 있지? 승주오빠 소식 말이야. 승주오빠의 멋진 여자친구가 되고 싶다는 생각을 결코 접은 건 아니야. 하지만 너희들도 알다시피 나는 그동안 참 많은 걸 배웠어.

모든 일에는 순서와 과정이 있다는 것에서부터, 목적을 이루기 위해 노력하는 매 순간순간 최선을 다해야한다는 것, 그리고 그 속에서 자신만의 만족을 찾아가야한다는 것 등을 말이야. 그러니까 나도 이제 예전처럼 철없이 조급해하거나 밑도 끝도 없이 무조건 갖고 싶은 걸 사달라고 떼쓰는 어린아이처럼 행동하지는 않을 거야. 나는 멋진 어른이 될 거고, 그 목표를 위해 열심히 차근차근 앞으로 나아가려고 해. 혹시 그러다 목적을 이루지 못하면 어쩔 거냐고? 내가 어른이 되기 전에 승주오빠가 애인이라도 생기면 어쩌나 하는 걸 걱정하고 있는 거지? 글쎄, 만약 그렇다면 그건 어쩔 수 없는 일이겠지. 모든 결말이 다 해피엔딩으로 끝나는 건 아니잖아? 현실은 동화가 아니라고. 하지만 자신이 노력하는 그 모든 순간들을 하나하나 행복하고 만족스럽게 만들면 그게 바로 해피엔딩이 아닐까? 우리들이 알고 있는 동화 속 해피엔딩과는 좀 다르겠지만, 나는 어쩌면 이렇게 노력해서 얻어지는 만족이야 말로 진정한 행복인 것 같다는 생각이 들어. 내가 정말 많이 어른 스러워진 것 같다고? 이런 게 바로 화이트헤드가 말한 초월이라 는 게 아닐까? 하하! 알았어. 알았어. 잘난 척 그만 할게. 내가 요 즘 새침데기 예린이랑 같이 다니다 보니까 닮아가나 봐.

이제 내 이야기를 여기서 마쳐야겠다. 반년이라는 시간 동안 내 가 조금씩 커가는 모습을 지켜봐줘서 고마워. 물론 여기서 이렇게 인사를 하지만 내 이야기가 여기서 끝이 아니라는 건 알지? 나도 그렇고 너희들도 그렇고, 우린 지금 어른이 되는 과정에 있는 거 야. 우리가 어른이 되면 또 다른 목표를 향해 과정의 시간을 갖게 될 거야. 우리 그 과정 속에서 진정한 행복을 찾아가 보자! 그럼 안녕!

과정철학의 세 가지 단계

화이트헤드는 과정철학에서 현실적 존재는 모두 변화하는 과정에 있다고 했죠. 그런데 이 현실적 존재의 변화 과정은 세 가지 단계를 거치게 된다고 화이트헤드는 생각했습니다.

그 첫 번째 단계가 서로 호응하는 시기랍니다. 우리는 현실적 존재의 변화 과정을 위해서 먼저 주어져 있는 현재의 사실을 받아들여야 합니다.

혹시 여러분들은 동생과 다툰 적이 있나요? 동생이 너무 미워 내 동생이 아니었으면 좋겠다고 생각한적이라도 있나요? 모두들 착하니까 그런 일은 없었겠죠? 혹 그런 일이 있을 때, 엄마아빠는 뭐라고 하시나요?

"그래도 너희들은 남매간이란다. 늘 화목하고 친하게 지내야지!"

엄마아빠는 아마도 여러분에게 이렇게 말씀하실 것입니다. 이 말씀의 의미는, 여러분들이 아무리 동생이 밉고 싫어도 동생은 동생임을 인정해야만 한다는 것입니다. 모든 사람은 주어진 상황을 받아들이고 순종해야 한다는 뜻이죠.

이렇게 어떤 현실적 존재가 다른 것으로 변하는 과정의 첫 번째 시

기를 화이트헤드는 서로 호응하는 시기라고 했습니다. 이때 현실적 존재는 순수하게 그것을 인정하여야 합니다. 그 모습이 과거에도 그랬고, 지금도 그렇다고 받아들여야 한다는 것이죠.

화이트헤드는 현실적 존재에 물질적인 성격이 있다고 보았기 때문에, 현실적 존재는 물질적으로 과거에서 현재로 그리고 미래로 변해 간다고 보았습니다. 그래서 모든 물질적이고 현실적인 존재는 가만히 있는 정적인 존재가 아니라 항상 움직이고 끊임없이 변하는 동적인 존재라고 화이트헤드는 생각했습니다.

화이트헤드는 이렇게 모든 것은 변하기 때문에, 현실적 존재 중에서 영원한 것은 없고, 가만히 있지 않고 계속적으로 변하는 것으로 보았습니다.

두 번째 단계는 보완의 시기입니다. 현실적 존재에는 끊임없이 변한다거나 새로운 것이 생겨나는 것만 있는 것이 아니라고 화이트헤드는 생각했습니다.

화이트헤드의 생각은 이렇습니다. 어떤 하나의 현실적 존재는 이 세계를 이루고 우주를 이루는 한 사물에 불과합니다. 그리고 그 현실적 존재는 자신의 위치를 분명히 압니다. 과거와 경험을 통해서 알게 되는 것이죠.

하지만 이런 현실적 존재는 스스로 욕망을 가져야 합니다. 만약 현실적 존재가 스스로 욕망을 갖지 않으면, 아무런 의미가 없습니다. 그냥 있다가 살아지는 존재에 불과하죠. 그러나 스스로 욕망과 이상을 가질 때, 원하는 목적을 얻을 수 있다고 화이트헤드는 보았습니다.

여러분들이 동생과 다투는 가장 큰 이유는 각자의 욕망 때문일 것입니다. 즉, 욕심 때문이죠. 여러분이나 동생은 왜 욕심이 생길까요? 자신만의 어떤 목적이 있기 때문입니다. 하지만 서로의 욕심만 부리다 보면 작은 다툼이 큰 싸움이 될 수 있겠죠. 이때 엄마아빠가 하신 말씀이 생각납니다. 남매사이는 친하고 화목하게 지내야 된다는 말씀 말입니다. 결국 남매사이는 친하고 화목하게 지내야한다는 목적이 여러분의 욕심을 조금 버리게 합니다.

세계의 질서를 위해서 현실적 존재는 처음에는 순응합니다. 하지만 시간이 흐르면서 나름대로 생각을 하게 되고, 욕심이 생기기 시작합니다. 그럼 현실적 존재는 세계의 질서를 위해서 나름대로 무엇을 해야겠다는 생각을 갖게 되겠죠?

이것을 화이트헤드는 목적이라고 했습니다. 목적의식을 가진 현실적 존재는 목적을 이루기 위해서 자신이 부족한 부분을 보완하고자 합니다. 결국 보완의 시기는 자신의 목적을 위해서 필요한 모든 것을

갖추는 시기라고 할 수 있겠죠.

　마지막으로 화이트헤드가 주장하는 현실적 존재의 과정단계는 만족
의 시기입니다. 일반적으로 만족이란 것은 자신의 욕심, 즉 목적을
이룬 것을 뜻합니다. 하지만 화이트헤드는 현실적 존재가 목적을 이
루었다고 만족할 수는 없다고 보았습니다. 그럼 언제 현실적 존재가
만족할까요?

　조금 어려운 말로 화이트헤드는 현실적 존재를 초월해야한다고 했
습니다. 어렵죠? 예를 들어서 설명할게요.

　여러분은 민들레를 좋아하나요? 봄이면 민들레 씨가 바람에 날리는
것을 여러분은 볼 수 있을 거예요. 민들레 씨가 자라면 당연히 민들
레가 되겠죠. 하지만 바람에 날리는 모든 민들레 씨가 새로운 민들레
가 되는 것은 아니죠. 어떤 민들레 씨는 물에 떨어져 썩어버리고, 또
어떤 것은 돌 틈 사이에서 말라 죽고 맙니다.

　정말 얼마 되지 않는 극히 적은 민들레 씨만 흙 속에서 새로운 싹으
로 자라겠죠. 하지만 모든 민들레 씨는 좋은 환경을 만난다면, 새로
운 민들레로 자랄 수 있겠죠. 이런 것을 화이트헤드는 가능성이라고
했답니다. 즉, 모든 민들레 씨는 새로운 민들레가 되기 위한 가능성
을 갖고 있는 것이죠.

그러나 사실은 몇몇의 민들레 씨만 새로운 민들레가 되고 나머지는 모두 죽어버립니다. 이렇게 새로운 민들레가 된 것을 화이트헤드는 현실성이라고 합니다. 이렇게 민들레 씨가 새로운 민들레로 자라든 그렇지 못하고 죽든 민들레 씨는 만족해야겠죠. 그것은 세계의 질서 때문입니다. 모든 민들레 씨가 민들레가 된다면 어떻게 될까요? 이 세상에는 민들레만 있고 다른 식물들은 없어질지도 모릅니다.

모든 달걀이 병아리가 되고, 모든 민들레 씨가 민들레가 될 수 없는 것처럼, 모든 것이 현실성을 갖고 실제로 존재할 수는 없습니다. 그러나 그 중에는 실제로 존재하는 것들도 있습니다. 이러한 것을 화이트헤드는 현실적 존재의 초월로 보았습니다.

현실적 존재는 서로 호응하면서 지내는 동안은 결코 만족할 수 없습니다. 하지만 스스로 목적을 갖고 보완하는 시기를 거치면, 현실적 존재는 목적과 이상을 갖게 됩니다. 이 이상이나 목적이 모두 이루어지는 것은 아니겠죠. 하지만 현실적 존재는 목적이 이루어지든 그렇지 않든 만족을 해야 합니다.

이 만족이야 말로 화이트헤드의 과정철학에 있어서 마지막 단계입니다. 목적이 만족스럽게 이루어지면 현실적 존재의 과정은 완성되는 것이죠. 그러나 만족하지 못하면 현실적 존재의 과정은 미완성으로 끝나는 것입니다.

외전

애들아! 승주 오빠에게서 편지가 왔어. 엄마 말씀대로 한국에 온다고
해. 승주 오빠를 만날 생각에 벌써부터 난 가슴이 콩닥콩닥해! 너희들한
테만 살짝 보여줄까?

영아에게

오랜만이다, 영아야. 지난번에 보내준 메일 잘 받았어. 벌써 영
아가 중학생이 되는구나. 교복을 입은 모습을 보니 훨씬 어른스러
워 보이던 걸. 여름에 봤을 때 보다 키도 많이 자란 것 같고 말이
야. 얼마나 예뻐졌을지 궁금하다. 그리고 보니 이 메일이 영국에
서 보내는 마지막 메일일지도 모르겠다. 다음 주면 한국에 있을
테니 말이야. 그 때 만나면 메일로 못 다한 얘기 많이 나누자.

아! 그런데 요즘 공부하느라 바쁘다면서? 이제 중학생이 됐으니 고등학교를 졸업할 때까지는 공부 때문에 많이 힘들겠구나. 오빠도 그 때를 겪어봐서 알아. 특히 중학생이 된다는 게 많이 설레기도 하고, 두렵기도 하고 그렇지? 하지만 아마 영아는 중학생이 되어서도 잘 해낼 거야. 뭘 하든 똑똑하고 야무진 아이니까. 그런데 혹시 공부하느라 바쁘다는 핑계로 오빠가 한국 가서 연락해도 안 만나주는 거 아니야? 절대 그러기 없기다.

사실 내게는 일 년이라는 시간이 짧게 느껴질 정도로 영국에서 보냈던 시간들이 참 소중해. 지금 돌이켜 생각해보면 새삼 하나하나 바로 어제 겪었던 일처럼 생생하기도 하고 말이야. 특히 그 중에서도 지난여름에 영아를 만났던 일은 정말 잊지 못할 거야. 그 일 덕분에 오빠가 귀엽고 착한 동생을 얻게 됐으니 말이야. 이곳에서 생활이 힘들 때마다 네가 보내준 씩씩하고 재미난 글 덕분에 많이 웃고 힘을 낼 수 있었거든.

특히 영아는 생각하는 것도 독특하고 글도 재미있게 잘 쓰니까 아마 주변 친구들한테 인기가 많을 것 같은데. 그치? 그러니까 영아만이 가지고 있는 그 독특함을 잃지 않으면 영아가 주장하는 대로 정말 멋진 어른으로 자랄 수 있을 거야. 오빠는 절대적으로 그렇게 믿는다. 늘 남들보다 더 깊이 생각하고 또 남들과 다른 시선으로 세상을 바라볼 수 있는 마음을 갖길 바라. 영아는 똑똑한 아이니까 분명 그렇게 될 수 있을 거야.

이런! 아이라고 하면 늘 아가씨라고 주장하는 영아가 화를 내려나? 하지만 중요한 건 아이냐, 아가씨냐가 아니라는 거 알지? 나는 영아가 귀여운 꼬마건 예쁜 아가씨건 상관없이 있는 그대로의 네 모습이 좋아. 다음에 만날 때도 밝고 건강하고 씩씩한 모습 기대할게.

영국에서 승주오빠가

통합형 논술
활용노트

01 철학자 화이트헤드는 산업혁명이 활발하게 펼쳐진 영국에서 태어났습니다. 고향인 램즈게이트는 생산품의 수송과 외국과의 무역으로 유명한 항구도시였습니다. 따라서 어릴 때부터 사회의 변화를 직접 체험할 기회가 많았습니다. 어릴 때 강한 인상을 받은 이러한 사회변화는 자신의 철학인 과정철학에도 영향을 주었습니다. ㉡를 읽고 ㉠에서 말하고 있는 '사회간접자본'이란 무엇이며, 이 자본이 개발되는 이유를 설명하세요.

㉠ 화이트헤드는 빅토리아여왕 시대인 1861년 램즈게이트에서 태어났습니다.

램즈게이트는 영국의 수도 런던에서 남동쪽 끝, 도버해협에 있는 작은 도시입니다. 지금의 램즈게이트는 유럽에서 유명한 휴양도시로 알려져 있으며, 요트 경기의 중심도시이기도 합니다. 하지만 램즈게이트는 18세기만 하더라도 조그마한 어촌도시였답니다.

영국은 산업혁명의 성공으로 사회간접자본에 많은 돈을 투자하였습니다. 여러분도 잘 알고 있겠지만, 사회간접자본이란 사회의 여러 가지 생산 활동에 도움을 주는 자본을 말합니다. 예를 들면 도로, 부두, 철도, 전기, 가스 등과 같은 것이 바로 사회간접자본입니다. 도로와 철도를 통해서 많은 물건이 수송됩니다. 그리고 항만을 통해서 무역을 할 수 있고요. 뿐만 아니라 전기나 가스가 없

다면 공장을 돌릴 수가 없겠죠. 이렇게 여러 가지 생산 활동에 도움을 주기 위해서 만들어진 것이 바로 사회간접자본이랍니다.

램즈게이트는 영국에서 생산된 많은 상품을 다른 나라로 수출하기 위해서 18세기 중엽부터 항구도시로 발전하였습니다. 화이트헤드는 이렇게 램즈게이트가 영국의 유명한 항구도시로 성장한 다음 태어났습니다. 화이트헤드의 아버지는 램즈게이트의 사립학교 교장선생님이었습니다. 그런 아버지의 영향으로 화이트헤드는 어릴 때부터 많은 교육을 받고 자랐습니다.

─《화이트헤드가 들려주는 과정 이야기》중에서

ⓛ 혜민이네 가족은 지난 주말에 서해안 고속국도를 이용하여 여행을 다녀왔다. 고속도로를 달리며 넓은 농토와 산업단지들을 볼 수 있었다. 아버지께서 서해안 고속국도 건설로 달라진 점에 대하여 말씀해 주셨다.

"인천에서 목포까지 가는 데 걸리는 시간이 예전에 비해 매우 빨라졌단다. 따라서 물자를 더욱 신속히 운반할 수 있게 되어 고속도로 주변에 위치한 여러 산업 단지의 개발을 촉진시킬 수 있게 되었지. 또, 중국과의 교류도 더욱 활발히 할 수 있게 되었단다."

─ 초등학교 교과서 사회, 5-1

02 화이트헤드의 철학은 '과정철학'이라고 불립니다. 다음의 ㉠와 ㉡를 참고하여 화이트헤드의 철학이 '과정철학'으로 불리는 이유에 대해 설명해 보세요.

㉠ 화이트헤드는 철학에 대한 그의 새로운 이론을 스스로 '유기체철학'이라고 하였답니다. 반면 화이트헤드의 철학을 공부한 많은 사람들은 이 '유기체철학'을 '과정철학'이라고 하였습니다. 이 말은 화이트헤드가 쓴 책의 이름과 관계가 있습니다. 화이트헤드가 《과정과 실재》라는 유명한 책을 남겼기 때문입니다. 이후 오늘날까지 우리들은 화이트헤드의 철학을 과정철학이라고 합니다. 그럼 과정철학은 무엇일까요? 예를 들어서 설명하면 아마도 쉽게 이해할 수 있을 거예요.

여러분 책상에 무엇이 놓여있나요?

MP3?

그래요. MP3를 들으면서 공부하는 사람이 많을 것입니다. 그런데 지금 여러분이 갖고 있는 MP3가 새것인가요? 아니면 헌것인가요? 처음에는 새것이었지만, 시간이 지나면서 점점 헌것이 되었겠죠?

화이트헤드는 이 세상에 있는 모든 물건들은 변할까, 아니면 전혀

변하지 않을까 하고 생각합니다. 물론 옛날에는 MP3가 없었답니다. 그래서 사람들은 레코드 판, 테이프 혹은 CD를 통해서 노래를 들었습니다. MP3가 발견된 이후 많은 사람들은 레코드판이나 테이프 같은 것은 더 이상 듣지 않고 MP3를 이용하여 음악을 듣습니다.

그런데 MP3보다 더 좋은 물건이 발견될까요? 아니면 MP3보다 더 좋은 물건이 만들어지지 않을까요? 이 세상에 있는 물건은 끊임없이 생겨나고 사라집니다. 이렇게 끊임없이 생겨나고 사라지기 때문에, 생겨난 모든 물건은 사라지기 위한 과정이라고 할 수 있겠죠.

─《화이트헤드가 들려주는 과정 이야기》 중에서

ⓛ 과정철학을 한마디로 설명하긴 어렵지만, 과정철학을 위해서 가장 중요한 것을 화이트헤드는 질서라고 했답니다.

이 세상에는 많은 물건들이 있습니다. 이 세상에 있는 어떤 물건도 함부로 있지 않고, 꼭 있어야 할 곳과 꼭 필요한 시간 속에 있습니다. 화이트헤드는 이것을 조금 어려운 말로 '이 세계가 허락하는 범위 안에서 물건이 존재한다.'고 했습니다. 그리고 이렇게 현재 우리가 살고 있는 세계가 허락한 범위 안에서 물건이 존재하

는 것을 질서라고 했습니다.

하지만 이 세상에 있는 모든 물건들이 질서를 갖고 있는 것은 아닙니다. 어떤 것은 무질서하게 나타나고, 또 어떤 것은 질서 있게 나타납니다. 화이트헤드는 무질서한 모든 것도 사람이 어떤 의미를 주면 질서가 잡힌다고 했습니다. 그렇기 때문에 질서란 우리가 알고 있는 것보다 더 복잡합니다.

예를 들어서, 우리가 자연의 질서에 대해서 얘기한다고 가정해 봅시다. 하지만 우리는 자연 전체를 볼 수가 없습니다. 그렇기 때문에 이때 질서라는 말은 우리가 보거나 관찰한 것만을 얘기하는 지극히 한정된 자연을 지배하고 있는 자연의 질서를 말합니다.

 그 외에도 우리는 '저 사람은 질서를 지키고 사는 사람이다.' 라고 말합니다. 혹은 '저 사람은 무질서하게 산다.' 는 말도 하죠. 우리가 질서 혹은 무질서라는 말을 할 때, 질서의 의미는 당연히 우리의 주변에서 일어나는 일에 대한 질서입니다.

사람들은 스스로 보거나 관찰해 본 결과 질서가 있다거나 혹은 무질서하다고 말합니다. 화이트헤드는 이렇게 우리가 본 것이나 관찰한 것을 현실적 존재라고 합니다. 현실적 존재란 지금 현재 나타나 눈에 보이거나 관찰할 수 있는 것이란 뜻입니다. 이렇게 현실적 존재들이 모여 하나의 사회를 만드는 것이죠.

이렇게 현실적 존재들은 서로서로 관계를 맺으며 한 가정, 한 사

회 혹은 한 나라의 질서를 이루고 있습니다. 뿐만 아니라 이 현실
적 존재는 계속적으로 새로운 질서를 만들어 냅니다.
　　　　　　　　　－《화이트헤드가 들려주는 과정 이야기》 중에서

03 다음 글을 읽고 물음에 답하세요.

㉠ "…… 만약 우리가 살아가는 이 과정의 마지막에 만족이라는 것이 온다면 정말 좋겠지. 하지만 이루어지지 않는 만족도 있단다. 쉬운 예를 하나 들어볼까? 예를 들어 달걀의 가장 큰 목적은 뭐겠니?"
"글쎄요. 아무래도 병아리로 태어나는 거 아닐까요?"
"그래. 새로운 병아리로 태어나는 거겠지. 하지만 모든 달걀이 다 새로운 병아리가 되는 것은 아니야. 어떤 것들은 삶은 달걀이나 계란말이가 되어 사람들에게 먹히기도 하고, 또 어떤 것들은 병아리가 되기도 전에 깨어지기도 하지."
"그러네요. 그럼 그 달걀들은 다 목적을 이루지 못한 거잖아요. 그렇게 끝나버리면 너무 허무할 것 같아요."

　　　　　　　　　　　　－《화이트헤드가 들려주는 과정 이야기》중에서

㉡ "당시만 하더라도 우리는 우리의 도전이 갖는 중대함을 전혀 몰랐다. 우리가 볼 수 있었던 것이라곤 우리 앞에 놓인 먼지투성이의 길과 북쪽으로 난 길을 빠르게 달릴 우리의 포데로사 뿐이었다."
하지만 그들은 아메리카 대륙의 여행을 통해서 대륙의 기층 민중의 삶을 직접 목격하고 자신의 뿌리가 무엇인지를 명확하게 깨닫게 된다. 그리고 북아메리카(즉, 미국과 캐나다)를 제외한 아메리

카 대륙 전체가 얼마나 소외받고 있는지, 또 얼마나 제국주의자들의 간교한 속임수에 놀아나고 있는지에 대해서도 분명하게 깨닫게 된다. 알베르토와 함께한 5개월간의 여행은 에르네스토가 아메리카의 역사와 정치 현실에 대해 눈을 뜨게 되는 결정적인 계기가 되었다.

나중에 에르네스토의 아버지 게바라 린치는 아들의 이 긴 여행에 대해서 이렇게 평가하였다.

"에르네스토와 그의 친구 알베르토는 신대륙 정복자들의 길을 따라갔다. 후자가 정복에 목말라 했던 반면 두 사람은 그들과는 전혀 다른 목적을 가지고 똑같은 길을 갔던 것이다."

《아름다운 혁명가 체 게바라》(박영욱 글/이룸) 중에서

1. ㉠에서 이야기되는 달걀의 목적과, ㉡에 나오는 에르네스토와 알베르토의 목적은 어떤 점이 같고 어떤 점이 다를까요? 두 목적의 공통점이나 차이점을 이야기해보세요.

2. 달걀의 목적이 꼭 병아리가 아니라 삶은 달걀이나 계란말이가 될 수는 없는 걸까요? 그럴 수 없다면, 혹은 그럴 수 있다면 그 이유가 무엇인지 생각해보고, ㉡에 나오는 에르네스토, 알베르토의 목적과 제국주의자들의 목적을 비교하여 이야기해보세요.

04 다음 글을 읽고 물음에 답하세요.

㉠ 세상의 모든 것은 변할까요, 변하지 않을까요? 헤라클레이토스에게 이 질문은 정말 중요했습니다. 결론부터 말하면, 헤라클레이토스는 물이 흐르듯이 세상의 모든 것은 변한다고 믿었습니다. 이것이 그의 '판타 레이 생각'입니다. 헤라클레이토스가 '판타레이(모든 것은 변한다)'라는 말을 했는지 하지 않았는지는 명확히 알 수 없지만, 오늘날까지 모든 철학자는 그가 한 것으로 믿고 있습니다.

─《만화 서양철학사》(자음과 모음) 중에서

㉡ 고대그리스의 유명한 철학자 헤라클레토스는 '모든 사물은 흐른다.'고 했답니다. 이것을 화이트헤드는 '모든 물건은 변한다.'와 같은 뜻으로 보았습니다. 정말 모든 사물은 변할까요? 여러분이 매일 보는 학교의 모습이나 앞산의 모습은 어떻습니까? 변합니까? 아니면 변하지 않습니까? 지구, 달, 해, 혹은 경복궁과 같은 것은 어떻습니까? 이렇게 변하지 않는 것처럼 보이는 것도 우리가 모를 뿐이지 조금씩은 변하고 있답니다. 경복궁도 바람과 비에 의해서 파괴되잖아요? 그렇죠? 산, 경복궁 혹은 학교와 같은 것도 변하고 있습니다. 단지 그 변하는 속도가 다르다는 뜻이지 전혀 변하지 않는다는 것은 아닙니다.

─《화이트헤드가 들려주는 과정 이야기》중에서

1. 제시문(가)를 보면 헤라클레이토스는 '모든 것은 변한다.' 라고 했음을 알 수 있는데요, 그렇게 주장한 이유는 무엇일지 설명해 보세요.

2. '모든 것은 흐른다.' 고 헤라클레이토스는 말했습니다. 제시문(나)를 보면 헤라클레이토스의 말을 화이트헤드는 '모든 것은 변한다.' 라고 하였답니다. 하지만 여러분의 집을 한 번 보십시오. 변하는 것이 있습니까? 같은 대문, 같은 책상, 그리고 같은 의자. 변하는 것은 아무 것도 없죠? 그렇다면 헤라클레이토스가 말한 모든 것은 변한다는 것의 의미가 무엇인지 화이트헤드의 입장에서 서술해 보세요.

통합형 논술
문제풀이

01 사회간접자본은 직접적으로 생산을 담당하는 것이 아니라 여러 가지 생산 활동에 도움을 주는 자본을 말합니다. 경제 발전으로 물자 생산이 늘어나면 이를 빠르게 운반하는 도로와 철도, 항구 등도 함께 발전해야 합니다. 항구를 통해 외국과 무역을 할 수 있어야 하고요. 뿐만 아니라 전기나 가스가 없다면 공장을 돌릴 수가 없겠죠. 이렇게 여러 가지 생산 활동에 도움을 주기 위해서 만들어진 것이 바로 사회간접자본입니다.

02 우리 주변의 사물들은 끊임없이 생겨나 변화를 겪고 또 사라집니다. 지금 현재는 새것이라고 할지라도 또 다른 새것이 나와 옛것을 대체하게 됩니다. 전체적으로 보면, 사라지기 위한 과정이라고 할 수 있습니다. 이러한 물건들과 마찬가지로 사회적 존재도 서로 관계를 맺으며 무질서한 상태에서 질서가 있는 상태로, 또 다시 무질서한 상태로 변화하기도 합니다. 화이트헤드는 모든 것이 계속 변하고 있기 때문에, 완전한 것은 아무것도 없다고 생각했습니다. 즉, 이 세상에서 우리가 경험할 수 있는 모든 것은 끊임없이 새로 생겨나고 또 사라집니다. 화이트헤드는 이렇게 모든 현실적 존재는 변하는 과정 속에 있다고 보았습니다. 그래서 화이트헤드의 철학적 생각을 과정철학이라고 합니다.

03 1. ㉠와 ㉡의 두 목적 모두 삶의 과정 속에 있는 목적입니다. 달걀은 병아리가 되는 것으로, 병아리는 닭이 되는 것으로 목적을 이루면 또 새로운 목적을 가지게 됩니다. (나)에 나오는 두 친구의 목적도 아메리카대륙 여행에서 깨달음을 얻으면 또 다른 목적이 생길 것입니다.

하지만 달걀의 목적은 탄생부터 죽음까지 이미 정해져있는 과정 속에서 만들어지는 것이라서, 자기 스스로 설정할 수가 없고 단지 그것을 향해 갈 뿐입니다. 달걀이 병아리가 되고, 병아리가 닭이 되는 것은 자

연적인 이치이기 때문입니다. 하지만 에르네스토와 알베르토는 그 스스로 목적을 정하고 자기 방식대로 목적을 추구해 나갑니다. 그것은 자유의지를 가진 인간만이 할 수 있는 일입니다.

2. 달걀의 목적이 삶은 달걀이나 계란말이가 아니라 병아리인 이유는, 그것이 달걀의 자연적인 성장과정이기 때문입니다. 삶은 달걀이나 계란말이는 달걀이 향해가려는 목적이 아니라 달걀을 먹는 인간들이 원하는 목적입니다.

ⓛ에서 이야기하는 제국주의자들의 목적이 바로 그 포식자들이 달걀에 대해 품는 목적과 같습니다. 그들은 원주민들을 정복하려는 목적으로 신대륙을 찾는 여행을 떠났지만, 에르네스토와 알베르토는 자기 자신과 그를 둘러싼 사회적 상황이나 시대 흐름에 관해 깨달음을 얻고 더욱 성장, 발전하려고 하였습니다. 그것은 병아리가 되고자 하는 달걀 자신의 목적에 대응한다고 할 수 있습니다.

04 1. 헤라클레이토스는 한 사람이 같은 강물 속에 두 번 들어갈 수 없다고 했답니다. 강물은 흐르기 때문에, 처음 강물 속에 들어갔을 때의 물과 두 번째 들어갔을 때의 물은 다르다는 것입니다. 그리고 처음 물에 들어갔을 때 사람과 두 번째 물에 들어갔을 때의 사람도 다르다고 했습니다. 비록 짧은 시간이지만, 물에 들어갔던 그 사람은 아주 약간이긴 해도 그 사이에 조금은 변했다고 헤라클레이토스는 생각했습니다.

2. 헤라클레이토스의 생각을 화이트헤드는 단지 변하는 속도가 다를 뿐이지 이 세계에 있는 모든 물건들은 조금씩 변하고 있다고 했습니다. 물론 그 변하는 속도가 너무 느리기 때문에 사람들은 알 수 없습니다.

그렇다면 우주의 질서나 세계의 질서와 같은 것은 어떨까요? 화이트헤드는 이런 우주의 질서나 세계의 질서는 있는지 없는지 모른다고 했습니다. 하지만 우리 주변의 모든 물건은 조금씩 변하고 있다고 합니

것은 모두 변한다고 했습니다. 이렇게 우
리가 경험으로 알 수 있는 모든 물건들은
비록 우리가 알지 못하는 사이에 조금씩
변해가는 것입니다.

화이트헤드는 바로 이렇게 비록 우리가 알
수는 없지만 모든 물건들은 변하기 때문
에, 모든 현실적 존재들은 변하는 과정 속
에 있다고 보았습니다.